大元帆影

Sailing from the Great Yuan Dynasty
Relics Excavated from the Sinan Shipwreck

图书在版编目（ＣＩＰ）数据

大元帆影：韩国新安沉船出水文物精华 / 沈琼华主编.
-- 北京：文物出版社，2012.12
ISBN 978-7-5010-3627-1

Ⅰ．①大… Ⅱ．①沈… Ⅲ．①文物－韩国－图集
Ⅳ．①K883.126.3

中国版本图书馆CIP数据核字（2012）第280005号

装帧设计　　刘　远
责任印制　　梁秋卉
责任编辑　　王　霞　　张小舟

出版发行　　文物出版社
地　　址　　北京市东直门内北小街2号楼
邮　　编　　100007
网　　址　　http://www.wenwu.com
　　　　　　E-mail:web@wenwu.com

制　　版　　北京圣彩虹制版印刷技术有限公司
印　　刷　　北京盛天行健艺术印刷有限公司
开　　本　　889毫米×1194毫米　1/16
印　　张　　15.5
版　　次　　2012年12月第1版
印　　次　　2012年12月第1次印刷
书　　号　　ISBN 978-7-5010-3627-1
定　　价　　280.00元

海上丝绸之路（陶瓷之路）系列特展之一

大元帆影

韩国新安沉船出水文物精华

Sailing from the Great Yuan Dynasty
Relics Excavated from the Sinan Shipwreck

浙江省博物馆
ZHEJIANG PROVINCIAL MUSEUM

沈琼华　主编

文物出版社

总 策 划：**陈 浩**

内容审定：**许洪流**

形式审定：**雍泰岳**

内容设计：**沈琼华 陈 平 王轶凌 江 屿 杜 昊**

形式设计：**王 炬 周鸿远**

英文翻译：**袁 宏**

韩文翻译：**李辉达 宋东林**

举办单位：**浙江省博物馆 韩国国立光州博物馆**

展览时间：**2012年12月18日至2013年3月3日**

展览地点：**杭州西湖文化广场E区浙江省博物馆武林馆区**

大元帆影

韩国新安沉船出水文物精华

Sailing from the Great Yuan Dynasty
Relics Excavated from the Sinan Shipwreck

目录
Contents

序一

FOREWORD I

二○一二年九月

浙江省博物馆馆长

陈浩

在距今两千年前的西汉，丝绸之路已经连通了中国和西亚北非欧洲两大文明中心，东西方文明开始了频繁的交流并改变着世界的文明进程。

"海上丝绸之路"是经由海洋沟通中国与外国、东方与西方的商贸和文化交流的通道，也是海洋文化的重要组成部分，由于在各海路遗存中以瓷器为最多，所以"海上丝绸之路"又被称作"陶瓷之路"。多方的交流，不仅丰富了古代中国文化的内涵，也促使不同国家、不同民族之间的融合，形成了多元的文化格局。漫长的海交史为今人留下了诸多遗物、遗迹，而水下考古，仿佛让遗落在海底的颗颗明珠重现光芒，并以此复原海上丝绸之路的辉煌历史。

南宋时期，是中国历史上对外商贸最发达的时期之一。十三世纪，蒙古族崛起并建立横跨欧亚的蒙古大帝国后，取《尚书》"大哉乾元"之意，改国号为"大元"。元统治者继承并沿袭了南宋时期海外贸易政策，步入了中外交流的极盛期。各国的使臣、传教士、商旅、游客等东西方人不绝于途，大都成为最重要的国际都会。形成了包括东非、北非、阿拉伯半岛到波斯湾、南亚、东南亚、中国沿海和朝鲜半岛、日本列岛之间的世界性的海上贸易网络。而杭州凭借澉浦、杭州、庆元、温州市舶司管理并接纳海外商船，通过大运河成为连接中国与世界、内地与沿海、江南与大都的接点。

新安沉船是661年前从庆元港（宁波）出发前往日本博多港（福冈）的一艘远洋商船，是目前发现的世界上现存最大、最有价值的古代商贸船之一，它的发现震惊了全世界。几十年间，中、韩、日等国的考古、历史学家对它开展了深入的调查与研究，有关"新安沉船"的秘密一个一个地被公布于世。今天，新安沉船文物又回到了它的起航地 —— 浙江，透过它的前世今生，重现宋元时期繁盛的浙江以及当时中国与朝鲜半岛和日本列岛间的相互交流与影响！

衷心感谢韩国国立光州博物馆以及韩国国立中央博物馆、韩国国立海洋文化财研究所等单位的大力支持，出借珍藏的新安沉船文物在中国浙江省博物馆展览。

지금으로부터 2000년 전의 西漢 시대, 실크로드는 이미 중국과 서아시아, 북아프리카, 유럽의 양대 문명 중심을 연결하였으며, 동방과 서방 문명은 빈번한 교류를 시작하였고, 또한 세계의 문명 발전 과정을 변화시켰다.

"해상 실크로드"는 海洋을 경유하여 중국과 외국, 동방과 서방의 상업 무역과 문화교류의 통로였으며, 해양문화의 중요한 구성 부분이었다. 각 항로의 유물 중에 도자기가 가장 많은 까닭으로, "해상 실크로드"를 다른 이름으로 "도자의 길 (陶瓷之路)"이라고 불리었다. 다방면의 교류는 고대 중국 문화의 깊이를 풍부하게 했을 뿐만 아니라, 다른 국가 다른 민족 간의 융합을 가능하게 했으며, 다원적인 문화구성을 형성 하였다. 유구한 해양 교류 역사는 오늘날의 사람들에게 많은 유물과 유적을 남겼으며, 뿐만 아니라 수중고고는 마치 해저에서 잃어버린 낱알의 아름다운 구슬 (明珠) 의 빛살이 다시 나타난 것과 같고, 또한 이를 근거로 해상 실크로드의 휘황찬란한 역사를 복원 할 수 있었다.

南宋 시기는 중국 역사상 대외 무역이 가장 발달한 시기중의 하나이다. 13세기 몽고족의 궐기, 그리고 아시아와 유럽을 횡단하는 몽고 대제국의 건립 후, 『상서尚书』의 "大哉乾元"의 의미를 취하여, "大元"으로 국호를 바꾸었다. 元나라의 통치자는 남송 시기의 해외 무역 정책을 계승, 답습하였으며, 中外交流의 極盛期에 진입했다. 각 국의 사신, 선교사, 행상 그리고 여행객 등 동방, 서방의 사람들이 끊임없이 이어졌고, 元의 大都는 가장 중요한 국제적인 대도시가 되었다. 동아프리카, 북아프리카, 아라비아반도, 페르시아만, 남아시아, 동아시아, 중국 연해 그리고 한반도와 일본 열도간의 세계적인 해상 무역 네트워크가 형성되었다. 뿐만 아니라, 杭州를 기반으로 澉浦, 杭州, 慶元, 溫州市舶司에서 해외 상선을 管理, 수용하였으며, 대운하를 통해 중국과 세계, 내륙과 연해, 강남과 大都의 연결점이 되었다.

신안 침몰선은 661년 전에 慶元港 (寧波)에서 출발하여 일본 하카타항 [福岡] 으로 향하는 원양 상업선으로, 목록이 발견된 현존하는 세계에서 가장 크고 가장 가치가 있는 고대 상업선 중의 하나로써, 신안선의 발견은 전세계를 깜짝 놀라게 하였다. 그 후의 몇 십 년간, 한 중 일등의 국가에서 고고역사학자들이 신안선에 관련하여 깊은 조사와 연구를 전개하였으며, 그 결과로 "신안 침몰선"과 관련된 비밀이 하나 하나 세상에 공개 되었다. 오늘날, 신안 해저유물은 다시 그 출항지인 절강으로 돌아왔으며, 우리로 하여금 그의 전생과 현세를 통과하여, 宋元시기 번성한 절강과 당시 중국과 한반도 그리고 일본 열도간의 상호교류와 영향관계를 재현하였다.

韓國國立光州博物館 및 韓國國立中央博物館, 韓國國立海洋文化財硏究所등 기관의 강력한 지원과, 진귀한 소장품인 신안 해저유물을 중국 절강성 박물관 전람하게 빌려주신 것을 진심으로 감사를 드린다.

Sailing from the Great Yuan Dynasty

머리말

序二

FOREWORD II

二〇一二年十二月

韩国国立光州博物馆馆长

赵现钟

海洋是中古时代东亚文化交流的主要通道，很久前开始，中国以东部沿海的国际港口为据点，开拓了各种各样的航路，主导了社会经济文化的交流联系，对形成东亚文化圈产生了极大的影响。

1975年，韩国全罗南道的一个渔夫从新安海底发现了青瓷花瓶，由此揭开了它真实的一面。

1976年至1984年的9年间，通过11次、共713天的发掘，发现20000余件陶瓷器、28吨铜钱、1000余根紫檀木，另外还有金属器、漆木器、石制品、骨角制品、香辛料、药材、船上生活用品、高丽青瓷，以及720余件船体残片，揭示出东亚海上交易的真实面貌。这成为韩国水下考古的最初成果，也在东亚文化史上留下深深的足迹。

通过"庆元"铭青铜权以及"至治三年"、"东福寺"、"钓寂庵"、"筥崎宫"等纪年铭和记录寺院名称、货主名、物资种类、数量的木简，可以推定该船于1323年从浙江省庆元（宁波）出发驶向日本京都，船上运载了龙泉窑青瓷、景德镇窑白瓷和青白瓷、吉州窑白地黑花瓷、建窑黑釉盏等以陶瓷为主的各种物品。从贸易品的用途可以推知元代中国文化在镰仓时期的日本广为流行。

这些新安海底文物不仅作为14世纪东亚贸易的媒介发挥了作用，在发掘后又成为各学术研究领域国际交流的桥梁。2006年，纪念发掘30周年的国际学术大会的召开，再次提高了新安海底文物的地位和影响力。

今年正值韩中建交20周年和国立光州博物馆与浙江省博物馆友好交流5周年之际，新安海底文物在700年前的出发地浙江举办特展，作为文化交流的新里程碑是非常值得高兴的事。

这次意义深远的展览是在韩中两国悠久友谊的基础上达成的，希望由此增进今后两馆间更广泛的学术交流及友好的文化交往。

중세 동아시아의 문물교류에 있어 주요한 통로는 바닷길입니다. 일찍이 중국은 동쪽 연안의 국제항구를 거점으로 다양한 항로를 개척하여 사회경제적 · 문화적 네트워크를 주도하였고, 동아시아 문화권 형성에 지대한 영향을 주었습니다. 이는 1975년 大韓民國 全羅南道 新安 海底에서 한 漁夫가 靑瓷花瓶 등을 發見하게 되면서 眞面目이 드러나게 되었습니다.

1976년에서 1984년까지 9년 동안에 걸친 11차례 713일간의 발굴을 통해 20,000餘點의 도자기, 28톤의 동전, 1,000餘本의 紫丹木, 그 밖에 金屬器와 木漆器, 石製品과 骨角製品, 香辛料와 藥材, 船上用 生活用品, 高麗靑磁, 그리고 이를 실었던 선박의 船體片 720餘點에 이르는 동아시아 해상 교역의 방대한 實相이 밝혀졌습니다. 이는 大韓民國 水中考古學의 嚆矢를 이룬 성과이자, 동아시아 문화사에 큰 足跡을 남겼습니다.

'慶元'銘 靑銅錘을 비롯하여 '至治三年' · '東福寺' · '釣寂庵' · '筥崎宮' 등의 紀年銘과 寺院 名稱, 貨物主의 이름, 물자의 종류와 수량이 기록된 木簡을 통해 日本의 京都를 목적지로 龍泉窯 靑瓷, 景德鎭窯 白瓷 · 靑白瓷, 吉州窯 白地黑花, 建窯 黑釉盞 등 도자기 위주의 각종 물품을 선적하여 1323년경 浙江省 慶元(寧波)에서 出凡했을 것으로 추정되었고, 교역품의 용도로 미루어 日本 鎌倉時代에 享有된 元代 中國의 文化相을 파악할 수 있게 되었습니다.

이처럼 新安 海底 遺物은 14세기 동아시아 교역의 매체로서 역할뿐만 아니라 발굴 이후 다양한 분야의 연구자들을 학술교류로 이어주는 國際架橋가 되었습니다. 지난 2006년에는 발굴 30周年 기념 국제학술대회를 통해 新安 海底 遺物의 位相과 影響 力이 다시 한번 提高 되었습니다.

今年 韓 · 中 修交 20周年과 國立光州博物館 · 浙江省博物館 交流 5周年을 맞이하여 新安 海底 遺物이 700년 전 출발했던 浙江省에서 특별전시 됨으로써 문화교류의 새 로운 里程標로 거듭나게 된 것은 매우 기쁜 일로 생각됩니다.

이 뜻 깊은 전시가 한국과 중국의 오랜 우정의 바탕하에 이루어졌듯이 향후에도 양 기관간 공고한 학술교류와 우호적인 문화교류가 증진되어 나아가길 고대합니다.

Sailing from the Great Yuan Dynasty

인사말

在古代世界，以中国为中心的东亚文明区因独特的地理环境一直相对独立，但是，从考古发现和文献记载看，古代的中国并不封闭。早在西周时期中国已通过海陆两种途径和以西亚北非欧洲为中心的西方文明区发生了直接联系，西汉时期丝绸之路的开通，东西方文明的交流更加频繁，并由此改变着世界文明的进程。经由海上东来中国的西方人，最初在交州、广州与中国人开始交往，随着时间的推移，他们与中国人交往的港口也沿海岸线北上，泉州、宁波、乍浦、澉浦、厦门等地相继成为中外交通的据点，中国商人基本上也是从这些港口出海，正是凭借这些据点中国加入了海外商贸的交流体系，从而形成了旧世界体系下的世界贸易网络。本文拟立足于此大背景，略论杭州在古代世界贸易线上的地位。

时空接点
——宋元时期世界贸易线上的杭州

浙江省博物馆　沈琼华

南宋、元时期的杭州

南宋、元时期的杭州在中国政治、经济、文化史上都有不可替代的地位。赖由北宋160多年的经营，到北宋末年不仅社会、经济和文化已发展到空前的高度，而且在构成国家统治阶层的人员来源上，也彻底改变了唐代以前的世卿世禄、士族政治，科举取士和文官政治成为社会的特色，应该说这种局面为中国中世纪社会的健康发展提供了制度的保证。

然而历史总有不幸发生，也不按人们的预期发展。女真人的入侵打破了原有的平静，宋室南渡成为这一事件的标志。宋金之间长年的战争最终形成了以淮河大散关为界的对峙局面，女真人南下入侵的势头最终被局限在北方。南北分治，宋室偏安而且不得不对金称臣、进贡[1]，对当时的中国来说无疑

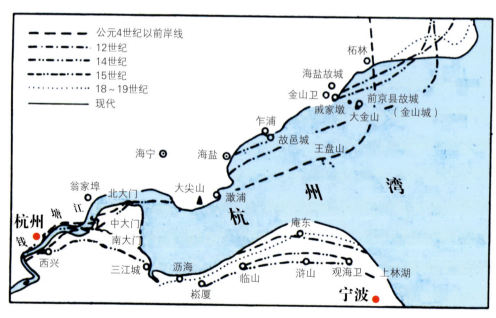

杭州湾变迁图

---

1 / 绍兴议和与后来的隆兴议和的条款略有不同，但在金宋双方的协约和往来公文中，南宋皇帝只能称帝或不能称皇帝则一直不变，标志着金宋间的属从关系。

是奇耻大辱，但南宋政权的存在毕竟为以汉族为主体的国家保存了半壁江山，也确保了民族的独立。五胡乱华与晋室东渡，正是在王导等人的努力下，才确保东晋政权在南方的存在，也由此为中华文化的发展延续保存了复兴的基地。陈寅恪先生称"王导之笼络江东士族，统一内部，结合南人北人两种实力，以抵御外侮，民族因得以独立，文化因得以延续，不谓民族之功臣，似非平情而论"，对王导的行政方法和本质用意，时人并不能理解且多有非议，但王导不为所动只是说"人言我愦愦，后人当思此愦愦"而已[2]，足见其用心深远。同样面对胡人的入侵，管仲协助齐桓公励精图治、尊王攘夷，确保了华夏民族的独立与文化的传承，孔子因而赞曰"微管仲，吾其被发左衽矣"。仅就此一点而言，南宋的立国和杭州作为南宋的帝都，在保存、传承、发展中华文化的作用上，其意义非同小可。

南宋政权在中国本土虽已失去了法统与共主的地位，但在延续发展中华文明的本位上，正统性仍然得到中外的承认，简单地说只有这里才是中华。正因为如此，高丽、日本和安南诸国才继续奉南宋为中国的代表。南宋时期的政治、文化局面和东晋南朝时期相同。偏据东南的南朝各政权还掌握着分封朝鲜半岛和日本各国王号、册封其继承人的权力[3]，出土于百济武宁王陵的中国瓷器，也许正是中国南朝的皇帝赏赐给武宁王的礼品，而被武宁王作为荣耀随葬地下的，这又从考古学层面上找到了南朝代表的中华文化在朝鲜半岛有其影响的证据。后来满洲人入关、建立清朝统治后，以朝鲜为代表的崇尚中华文化的国家，虽然在政治上不得不承认满清的宗主地位，但在文化上一直蔑视满清，并以中华文化正统传承人自居，在朝鲜除与清朝交往的官方文献行用清朝正统外，更多的则使用"崇祯后某某年"的纪年方式[4]。一方面借此表示对满清统治的抵触，另一方面则表示其对明政

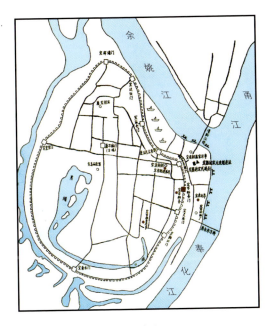

明州市舶司遗址示意图（宋）

2／周勋初《陈寅恪先生的"中国文化本体论"》，《纪念陈寅恪先生诞辰百年学术论文集》，第23～24页，北京大学出版社，1989年。

3／参见《晋书》、《宋书》、《南齐书》、《梁书》、《陈书》和《南史》关于朝鲜、日本的各相关记述。

4／在朝鲜流行的这种纪年方式，多出现在各种瓷质的墓志上。

权和中华文化法统的延续[5]。从这一层意义上看，南宋时期的杭州无疑是最后保存延续古代中华文化的堡垒。

元朝是第一个由非汉族建立的全国性的政权，在历史上面对北方异族的入侵，凭借长江天堑中国文化每每得以在南方保存。元朝的建立彻底改变了中国的历史，使全中国第一次陷入异族的统治。经由汉族国家的文化、政治中心，到异族统治下的一个城市，杭州城市地位的变迁，也直接影响着元帝国对江南的统治。而在文化上，此时的杭州虽繁华依旧，但却是在蒙古人统治下的繁华，原来的主体民族则被法定为全国地位最低的民族 —— "南人"。与南方各地的城市一样，尤其是杭州作为单一民族国家的城市和首都的历史就此结束，也就此开始了南方民族、文化融合的历史。元代的杭州除旧有传统外，新传入的有藏传佛教、基督教和更加发展的伊斯兰教，在杭州各地出土或保存下来的蒙古文、叙利亚文石刻、碑碣，或即这一融合历史的表现。

从经济方面看，元代的杭州失去了国家政治中心的地位，但作为经济中心则依旧。经唐代晚期以后的开发，到北宋时期江南已成为支撑国家的正常运转的经济基地，时谚"苏湖熟，天下足"，足见江浙的经济实力。宋室南渡并得以立国，也正是得力于这一经济基础。元代，苏湖地区同样是国家的粮仓，作为京杭大运河的南端点，杭州成为确保元王朝经济来源的前方基地。故而，元代的杭州既是联系东南各地与中央的前沿阵地，也成为开启后来中国多元文化的基地之一。

中国内地交通网与海外运输线的接点

经长期的发展，唐代中国人的船队已往来于东亚、东南亚、南亚和西亚各地；同时阿拉伯人的商船也可以从其本土出发到中国广州、泉州等地，阿拉伯半岛的亚丁被称为"通往中国的门户"，交通和海道的通畅促成中国和阿拉伯世界交往之盛，是故阿巴斯王朝的第二任哈里发曼苏尔夸口说"这里是底格里斯河，我们与中国之间没有障碍物，任何东西都可以经海路运到我们这里"[6]，巴格达成为旧世界贸易体系内西方的中心。在东方的广州和泉州已经有大量的阿拉伯人居住，中国皇帝和政府甚至允许他们由自己的法官、以自己的风俗解决其内部的诉讼，也有波斯人和阿拉伯人的船队武装劫掠广州事

---

5 / 明朝灭亡后，朝鲜由于在文化发展程度上比满洲人先进，故而多蔑视满清，小中华的思想也正是在这一时期形成。约稍晚，日本士大夫间也有了小中华的思想。

6 /〔巴基斯坦〕赛义德·菲亚兹·马茂德《伊斯兰教简史》，第136页，中国社会科学出版社，1981年。

件发生[7]，而在中外文献均载黄巢起义军入广州时有大量的阿拉伯人被杀[8]。广州成为和巴格达相对的、世界东方的商贸中心。

广州作为中国与外部世界联络的窗口约始于秦，尤其是灵渠的开凿更使广州成为外海商贸线路与中国内地交通线的接点。到唐代中期，从广州到长安的线路一直是经西江、漓江、灵渠、湘江、长江、运河（或经汉江转陆路）、黄河、渭河抵长安；张九龄开通赣江线路后，从广州经东江、越大庾岭经赣江、入长江的线路成为东线。但是，广州一直是最主要的对外港口。

到北宋时期，随着造船技术的提高、指南针的应用，航海能力也进一步提高，出海商贩者日多，中外交通的规模得以扩大，杭州、宁波、密州板桥、泉州相继成为对外交往的港口，对外商贸的港口迅速由南向北发展[9]。泉州、杭州、宁波加入对外贸易的港口，可能和五代时期国家分裂，地方政体发展外贸有关[10]。北宋初年以宁波、杭州和广州为市舶司，并规定中国"商人出海外蕃国贩易者，令并诣两浙市舶司请给官券"[11]，除历史原因外，更可能与从宁波到开封距离最近可以全线航运有关。北宋晚期，在板桥置市舶司，直接原因是地近东京，能为国家库府增加收入[12]。

庆元（宁波）港位置图

庆元（宁波）港石砌码头遗址（宋）

7 /《旧唐书》卷一九八《西域传》。

8 /〔巴基斯坦〕赛义德·菲亚兹·马茂德《伊斯兰教简史》，第177页引阿布·宰德《信德的阿卡巴》，中国社会科学出版社，1981年。

9 /《宋史》卷一百八十六《食货志下》"互市舶法"条。

10 / 五代十国时期，各割据政权与海外的交通详见《宋史》卷四百七十八《世家一》、卷四百九十《外国六·大食国》载南唐与占城、交趾、大食的交通，卷四百八十一《世家四》载南汉与波斯交通，卷四百八十三《世家六》载漳州陈氏航海朝贡；《辽史》载吴越钱氏贡辽；《旧五代史》卷一百三十五《僭伪列传二》载南汉刘氏"广足南海珠玑"；《新五代史》卷六十八《王审知传》王氏通新罗，等等。考古发现也证明吴越产秘色瓷器在辽地多有出土，证明其与辽交往颇盛；王延钧妻吴刘华墓出土有阿拉伯釉陶器（见福建省博物馆《五代闽国刘华墓发掘简报》，《文物》1975年第1期）。

11 /《宋史》卷一百八十六《食货志下》"互市舶法"条。

12 /《宋史》卷一百八十六《食货志下》"互市舶法"条。

从交通线路考古看，阿拉伯陶器基本出土于上述交通线的各重要据点[13]和对外商贸港口[14]，而且时间均在唐、五代。此后上述经东江、西江进入长江的线路已不再是帝国中央连接海外的主要线路。长期以来，在中外交通史上广州一城独秀的局面，渐而成为广州和杭州、宁波平分秋色。至此，就大杭州湾地区论，宁波港和杭州已分别成为该地区的海港和内河港口。从此，杭州湾和杭州开始成为中国内地交通网与海上交通相接的枢纽。而就地理位置论，单从与内地交通网的交接便利出发，杭州湾（杭州）显然要比珠江口（广州）更优越。宋室南迁与定都临安，更是杭州发展的新机遇。出于政治、经济的需求，南宋立国之初即鼓励对外贸易，甚至以赏赐金钱或官爵招徕番商，从而使得南宋成为中国历史上对外交流最发达的时期之一。设在宁波的庆元市舶司成为距皇都最近的对外商贸点，再加上便利的水上交通[15]，以及宋代出海的中国商人必须到两浙市舶司取官券的法律，庆元港也无疑成为中外商人争趋之处。以杭州湾为媒介的庆元、杭州完成了连接中国内地交通网络与海上交通线路的进程。杭州和杭州湾成为中国与海外最重要的接点。

元朝统一后，继承了南宋王朝的对外贸易政策，甚至由官府出资制造商船出海贸易。在初定江南之时，即于至元十四年立泉州、庆元、上海、澉浦四市舶司，终元一代，在七个市舶司中，杭州湾即有杭州、庆元、澉浦三个，其余四个分别是长江口的上海、晋江口的泉州、瓯江口的温州和珠江口的广州[16]。重要港口和市舶司由广州而向北发展，或可表明中国对外商业交往量的增加及交往地域上的普及。而就江海连接点看，从南到北，七个市舶司分据五个出海口，而钱塘江口一地有其三，足见当时杭州湾地区商业的繁盛，以及其与内陆交通连接的便利。

13 / 扬州博物馆《扬州古陶瓷》，文物出版社，1996年；扬州城考古队《江苏扬州市文化宫唐代建筑基址发掘简报》，《考古》1994年第5期；李铧等《广西出土的波斯陶及相关问题探讨》，《文物》2003年第11期。

14 / 傅亦民《唐代明州与西亚波斯地区的交往——从出土波斯陶谈起》，《海交史研究》2000年第2期。

15 /《宋史》卷四百八十七《外国三·高丽》："高丽入使率由登莱，山河之限甚远，今直趋四明，四明距行都限一浙水耳。"

16 /《元史》卷九十四《食货二》"市舶"条。

17 /《元史》卷九十四《食货二》"市舶"条。

至元二十一年"立市舶都转运司于杭、泉二州,官自具船、给本,选人入蕃,贸易诸货。其所获之息,以十分为率,官取其七,所易之人得其三"[17],至是,杭州除了有市舶司外,还成为元代政府官方对外贸易的基地之一,这是杭州在元代保持了国际性都市的制度保证。

在杭州湾沿岸,除了设市舶司的澉浦、杭州、庆元外,其他一些港口也是当时对外交流的重要地,从考古发现看杭州湾北岸的乍浦即是元代龙泉窑瓷器的主要集散地之一,由于有乍浦出土的龙泉窑瓷器作为标准,在陶瓷研究中对龙泉窑瓷器进行分类时一直有"乍浦龙泉"的称法。

杭州湾凭借澉浦、杭州、庆元市舶司管理并接纳海外商船,进而通过大运河成为连接内地与沿海、江南与当时最重要的国际都会大都的接点。宁波、澉浦作为大杭州的一员,和杭州湾的其他城市港口一样,如众星拱月般地促成了杭州的繁荣。

世界贸易线上的杭州

南宋、元代,由于中外商业交通的发展,以及中国政府政策的刺激,形成了包括东非、北非、阿拉伯半岛到波斯湾、南亚、东南亚、中国沿海和朝鲜半岛、日本列岛之间的世界性的海上贸易网络。来往于东西方的商船不断在东亚、东南亚、南亚、北非各地航行,甚者可远达欧洲。宋元时期中外贸易的盛况与交流的商品内容,古人记述较详,今人也多有研究。此时中国的杭州、宁波、温州、泉州、广州等沿海地区是这个贸易网上最主要的港口与目的地,杭州一直是东方世界的经济中心。

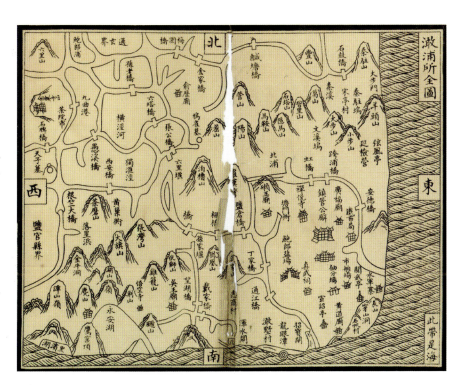

《常棠澉水志》澉浦城图(宋)

南宋时期的杭州与杭州湾，作为对外的港口和帝国的都城，无疑是国内与国际贸易最繁华的地区和东方世界的国际性大都会。中国内地的商品从各地向杭州汇集，并从这里被运往各国，来自世界各地的商品经由不同的途径被送到这里[18]，同样从这里向中国内地辐射。对外，宁波（明州）作为东通高丽、日本的商贸港口，是中国连接东亚各地的据点；东南亚、南亚和西亚的商船和商品也同样在杭州湾汇集后，再向东亚的高丽、日本周转。杭州湾成为内地与沿海、中国与世界的交接点。

元代的杭州是元朝政府官方对外商贸基地之一，也是外商云集之地。来自中国内地的商品也从这里出海走向世界，域外方物宝货也以此地为中转站行销内地。据马可波罗的记载，他在杭州湾的澉浦既看到有往来印度及其他外国的商船[19]，也在杭州市内看到有印度商人的货栈[20]，以及在城内生活的基督教徒、回教徒、祆教徒等，据其记载这里虽只有"聂思脱里派基督教徒之礼拜堂一所"，但回教徒则多达四万户[21]。在杭州城既有来自外国的葡萄与葡萄酒，也每天消费产自南洋的胡椒四十四担，每担合二百二十三磅[22]。外国人的这些记载说明，元代的杭州和杭州湾仍是大元帝国通往海外、接纳世界的

左上 \ 杭州天方先贤卜合提亚尔墓园（南宋）
右上 \ 杭州凤凰寺（元）
左下 \ 杭州慧因高丽寺（宋、元）

基地，当然，域外方物由此经运河直达北京。从文献记载和遗迹看，杭州城在宋元时期就有专门为来华商人服务的清真寺、基督教堂，而今遗落在宁波和杭州等地的诸多来华外国人的墓葬，无不说明以杭州为中心的大杭州湾地区的国际性。这足以反映元代杭州湾的繁荣，以及在该地区设立杭州、澉浦和庆元三处市舶司的必要性。

和印度商人在杭州市内建立货栈一样，北宋政府在明州市舶司所在的宁波建立了高丽使馆，专门接待来华的高丽使臣和商人。高丽王子义天来杭州求法的慧因高丽寺，至今犹存。同样，在中、日、韩的文献中都不乏往来中国与高丽、日本之间的商旅的记载[23]。由于商业的发展，在从事外贸的人群中还出现了船户、纲首、船长、商户等不同阶层和相应的商贸方式[24]，政府也适应形势加以管理并形成制度。

我们一般是通过阅读历史文献和考古发现的古代遗物及遗迹了解古代世界。不过，由于文献并非全息的录像，除了墓葬外考古发现的古代遗迹也多支离破碎而无法全面地展示古代社会的内容。然而，因

18 / 在杭州除我们习知的西亚、东南亚的各种香料、商品外，《宋史》卷四百九十一《外国七·日本国》载"其后亦未通朝贡，南贾时有传达室其物货至中国者"，而在考古发现中，杭州出土较多高丽青瓷，可说明高丽、日本产商品进入以杭州为中心的都市区。

19 / [法] 沙海昂注、冯承钧译《马可波罗行记》第二卷第一百五十一章"蛮子国都行在城"，中华书局，2004年。

20 / [法] 沙海昂注、冯承钧译《马可波罗行记》第二卷第一百五十一（重）章"补述行在"，中华书局，2004年。

21 / [法] 沙海昂注、冯承钧译《马可波罗行记》第二卷第一百五十一章"蛮子国都行在城"，第二卷第一百五十一（重）章"补述行在"注一，中华书局，2004年。

22 / [法] 沙海昂注、冯承钧译《马可波罗行记》第二卷第一百五十一（重）章"补述行在"，中华书局，2004年。

23 / 刘兰华《宋代陶瓷对日贸易》，《中国古陶瓷研究》（第五辑），紫禁城出版社，1999年。另《宋史》卷四百九十一《外国三·日本国》，仅日本国失事漂流至中国的船只就有淳熙三年至明州、淳熙十年至秀州，绍熙四年至泰州、秀州，庆元六年至平江府，嘉泰二年至定海县六次之多，足见双方商人交流之多。

关于中国与高丽之间的交流情况，《宋史》卷四百八十七《外国三·高丽》有较多的记载，来华的高丽纲首有卓荣、徐德荣等，而当时在高丽王城常住的中国人就达数百，"多闽人因贾舶至者"。

24 /（宋）·朱彧《萍洲可谈》卷二记载广州出海商船装用情况和商船上的社会时说："舶船深阔各数十丈，商人分占贮货，人得数尺许，下以贮物、夜卧其上。货多陶器，大小相套，无少隙地。"

各种原因不幸沉没的古代船舶则以其基本完整的原状，让我们有复原该船所代表的古代社会生活的可能。所以散落在世界各地的沉船和相关的遗址，又成为我们复原古代社会交往史的重要资料。海上丝绸之路是古代世界各文明区域间交流的途径之一，历经千百年沧桑，能保存下来的与海上丝绸之路相关的遗址和遗物更是存一漏万，作为海上丝绸之路上的一点帆影 —— 新安沉船，更是这万一中的万一。大约在1323年（至治三年）后不久，从中国的庆元（宁波）出发前往日本的国际贸易商船因遭遇不测，最终沉没在高丽的新安外方海域，这就是著名的新安沉船。经探明，该条船长34米，宽11米，重200吨，是世界上现存最大、最有价值的中国古代贸易船，也是现存最古老的船只之一。先后打捞出水文物总计22040件，充分说明了当时东亚贸易交流的情况，是20世纪70年代世界水下考古的最重大发现之一。

新安沉船之纲首的籍贯、姓氏、名号自不可知，其国籍也只是研究性推测，但整船的货物组合却成为我们研究宋元时期中外贸易或世界贸易的资料。从船上装载的货物看，既有产自浙江的瓷器、铜器等，福建、江西和北方窑场的瓷器，也有来自南洋的名贵木材和香料，更有高丽青瓷，这充分说明该船在杭州湾的港口集中采办了产自中外不同地区的货物，是一艘名副其实的以杭州湾为商品集散地的国际商船。从所载货物的用途看，可分为日常用器、陈设类器物、供器、香器、茶具、酒具等，表明从中国输出到日本的商品除了供应一般市场需求外，由茶酒香和佛道表现的文人与精神世界的生活方式也是日本人学习输入的内容。

日本博多承天寺（钓寂庵 本寺）

大元帆影

韩国新安沉船出水文物精华

　　从文献记载和出土或传世的文物看，在东方世界的中国、日本、高丽和安南之间形成的相同文化圈正是通过人的交往和物质的交流实现的。如原本是模仿越窑的高丽青瓷就是以越窑为代表的瓷器文化东传朝鲜半岛并高丽化的表现。除在唐代直接从中国掠取工匠从事青瓷生产外，《宋史》卷四百八十七《外国三·高丽》载高丽"王城有华人数百，多闽人因贾舶至者。密试其所能，诱以禄仕或强留之终身"，同样表明直到宋代人员流动带来的技术在高丽的重要性。而这样通过商品的传播和人员流动促成的技术和文化交流，在宋元时期尤盛。阿拉伯世界的商品、白酒制造技术和伊斯兰教传入中国，更成为该时期中外文化交流的最主要成果。

　　宋元时期中外交流的繁盛，既有大量的中国商品向外输出，也有种类繁多的外来商品输入，无疑丰富了各国人民的生活。然而，物品的交流只是短暂的以商业为动机的行为，商业利润促成了人员的往来也造就了古代世界各地区、各国家之间交往的频繁，从而产生了影响更为深远的文化和社会影响。在中外商业交流的同时，也有不同的文化传来并融入中国文化的沃土，为中国文化输入了新的动力。同时中国文化外传也活跃了各输出国的文化，这一点是我们研究宋元时期中外交通史时尤应注意的内容。

日本京都东福寺

日本博多筥崎宫

新安沉船与海上丝绸之路

韩国国立济州博物馆 金英美

新安沉船的发现

自宋代起，中国政府大力奖励海外贸易，加上当时造船业的发达及指南针的应用，都极大地促进了海外交通活动的发展。各主要港口在市舶司主持下，征收过往货物的税金，掌握进出口贸易。随着元朝统一全国，中国国内经济日渐恢复，对外贸易也再度兴盛。当时的元大都，一跃成为世界闻名的经济中心城市，位于今东欧、中亚、非洲、日本、韩半岛和南太平洋群岛等各国的使节和商人不断地涌向元大都。如今的广州、泉州、福州、温州、宁波等地，均成为元朝对外贸易的大港。

当时，日本正处于镰仓幕府控制下的后醍醐天皇时代。在京都的朝廷与镰仓的幕府政权相对立的形势下，文化上也体现出王室及贵族支持下的旧佛教与新兴武士和农民阶层为基础的新佛教的对立。在这个战乱与斗争不断的时期，各派势力特别是武人政权兴造了大量的寺院庙宇，建筑材料、生活用品以及佛具用品等需求激增，促使日本从元朝进口了大量的物品。

在元代，一艘来自中国的商船，汇集了浙江、福建、江西、广东等地出产的陶瓷器和香料为主的大宗商品，在驶往日本博多港途中，不幸沉没于韩国全罗南道新安近海一带。今天，揭开它神秘的面纱，就是众所周知的"新安沉船"。新安沉船发现于1975年，当时一名渔夫在新安海底发现了6件青瓷花瓶，从而揭开了一段沉睡了650多年的历史[1]。

出水文物

新安沉船的水下考古调查和发掘工作始于1976年，至1984年为止，9年间共进行了11次发掘，实际工作713天。发掘现场位于全罗南道新安海域，平均水深20余米，水底能见度极差，对发掘团队造成了巨大的困难。出水的全部遗物包含以陶瓷器为主的各类器物22000余件，铜钱28吨，紫檀木块1000余个，以及船体构件400余块等。

1. 陶瓷器

沉船内发现的遗物中陶瓷器所占比重最大。在总数20000余件的陶瓷器中大部分为中国陶瓷，此外还有高丽青瓷7件，日本濑户梅瓶2件。这批中国陶瓷按产地可分为浙江、江西、福建、广东及其他

1 / 韩国国立中央博物馆《新安海底文物》，1977年；韩国国立中央博物馆，新
安海底文物国际学术大会主题发表；金英美《新安船与陶瓷之路》，通川出版社，
2005年；韩国文化财厅、韩国国立海洋遗物展示馆《新安船》，2006年；文化公
报部、文化财管理局《新安海底遗物（综合篇）》，1988年。

地区几大类。按种类划分，则有青瓷、白瓷、青白瓷、黑釉瓷、钧窑系青瓷、白地黑花瓷、褐釉陶器等。文中将按产地分别介绍这批遗物。

1）浙江地区

① 龙泉窑

龙泉窑青瓷的数量在新安沉船发现的全体陶瓷器中占60％以上，是当时对日输出的主要商品。

这批龙泉青瓷大部分均为元代产品，但仍有一小部分应为南宋时期器物[2]。这些南宋器物包含碗、盘、香炉、瓶、药碾等，以模仿青铜器的造型为主。釉色主要为粉青或梅子青，大部分器物都保留有使用痕迹。青瓷长颈瓶为盘口，竹节形长颈，球腹，圈足。遂宁金鱼村窖藏中发现了与之相似的青瓷长颈瓶，可为此器编年提供参照[3]。

元代的龙泉青瓷以日常生活用的碗、高足杯、钵、盏托、盘、罐、执壶、净瓶、盒、药碾、砚滴等为主。另外还有装饰品花瓶、香炉、花盆、水盘、人物像、菩萨像等。作为元代典型器的盘、花瓶、罐等大型器物和高足杯，充分展示了元代龙泉窑独特的铁斑、素胎贴花等装饰技法。

新安沉船发现的龙泉青瓷从器型、纹样和釉色等方面分析，大部分均为龙泉大窑的产品。另有一小部分应为溪口窑制品，如其中的环耳瓶、云龙纹小壶和贴花香炉等[4]。

② 铁店窑

新安沉船中还发现了钧窑系青瓷。这些器物应是浙江金华铁店窑模仿元代流行于北方地区的河南钧窑瓷器生产的[5]。器类有花盆、瓶、三足水盘、注子、四耳壶等。暗褐色的胎土上施以仿钧窑式青釉，施釉近外底，叠烧而成。三足盘还饰以乳头纹贴花。除了均窑系青瓷，还有一类黑釉壶，大口，口至腹部屈折。这类黑釉壶可能也是铁店窑的产品。

2 / 朝日新闻社《封印された南宋陶磁展》，1998年；森达也《宋元代窖藏出土陶瓷と龙泉窑の编年观 について》，《贸易陶磁研究》第21号，2001年；根津美术馆《宙おうつすうつわ南宋の青瓷》，2010年；中国古陶瓷学会编《龙泉窑研究》，故宫出版社，2011年。

3 / 庄文彬《四川遂宁金鱼村南宋窖藏》，《文物》1994年第4期；弓场纪知《四川遂宁发见の南宋窖藏出土の陶瓷器とその意义》，《封印された南宋陶瓷展》，朝日新闻社，1998年；森达也《遂宁窖藏出土陶瓷の年代について》，《封印された南宋陶瓷展》，朝日新闻社，1998年。

4 / 金祖明《龙泉溪口青瓷窑址调查记略》，《考古》1962年第10期；李知宴《从南朝鲜新安海底青瓷的发现看龙泉青瓷的发展》，《考古与文物》1985年第2期；朱伯谦主编《龙泉窑青瓷》，艺术家出版社，1998年；浙江省文物考古研究所《龙泉大窑枫洞岩窑址》，文物出版社，2009年。

5 / 贡昌《浙江金华铁店瓷窑的调查》，《文物》1984年第12期。

此外，现已知在元代，今浙江省武义瓦灶山窑也生产龙泉窑系青瓷、景德镇系青白瓷和钧窑系青瓷。

③ 老虎洞窑

在新安沉船中发现了5件老虎洞窑青瓷，其中瓶2件，香炉3件。这5件瓷器是老虎洞窑青瓷迄今为止在中国以外的地区仅有的发现。据瓷器上的八思巴铭文推断，老虎洞的元代窑址创立时间大致在元世祖至元十八年（1281年）以后[6]。沉船中发现的贯耳瓶器形作直口、细颈、直壁、扁腹、圈足，生烧，烧成温度较低，白釉。整器布满斜线形长开片，底端修整干净，胎土呈茶褐色。在上海市青浦区重固镇高家台元代任氏家族墓中出土过与此瓶相似的器物[7]，与之伴出的还有簋式香炉、胆瓶等具有南宋官窑风格的遗物。据此推测，这类器物或为元代初期老虎洞窑的制品。此外，与沉船中发现的三足鼎式炉相似的器物残片在老虎洞窑元代层位中也有发现[8]。如此看来，新安沉船中发现的老虎洞窑青瓷的年代似应早于沉船本身的元代中期，即为南宋后期或元代早期（13世纪）之间。

2）江西地区

① 景德镇窑

新安沉船中发现的景德镇窑瓷器约5000件，种类有青白瓷、枢府系白瓷、仿定窑系白瓷等。

青白瓷的品种有碗、盘、瓶、高足杯、注子、香炉、砚滴、枕、天人像等。碗、盘、高足杯等的装饰纹样有云龙纹、鱼纹、凤凰纹、树叶纹、菊花纹、莲花纹、梅花纹、缠枝牡丹纹等。青白瓷椭圆形折沿盘上以釉里红的技法描绘了唐宫女韩氏的"流红记"故事，青白瓷菱花形盘上以印花技法描绘杜甫的《山寺》场景，以及褐彩"犀牛望月"盘，都反映了日本人对中国文学的推崇[9]。

同时，还发现了青白瓷中的杰作女子瓷塑枕和水月观音像。在江苏镇江也发现了与女子瓷塑枕相似的器物。水月观音像，观音坐于石山之上，宝冠与天衣的形制具有南宋到元初的风格。此外还有内底装饰褐彩纹样的青白瓷盘。有学者认为，正是这种褐彩青白瓷开青花白瓷之先河。枢府系白瓷是与青白瓷不同的一种卵白釉瓷器，因其刻有"枢府"铭文而得名。枢府系白瓷釉层较厚，透明度低。这批白瓷的瓷釉与元大都遗址和元代磁县木船中出土的刻有"枢府"铭文器物上的釉状况极其相似。

此外，还有少量的景德镇仿定窑白瓷。与定窑白瓷釉色相近的象牙白花卉纹盘即为一例，瓷盘内底的印花牡丹纹具有典型的定窑风格。

6 / 杭州市文物考古所《杭州老虎洞窑址瓷器精选》，文物出版社，2002年；唐俊杰、杜正贤《南宋临安城考古》，杭州出版社，2008年；森达也《杭州老虎洞窑出土青瓷の编年について》，《爱知县陶瓷资料馆研究纪要》15，2010年。

7 / 张柏主编《中国出土瓷器全集7·江苏、上海》图231，科学出版社，2008年。

8 / 杜正贤主编《杭州老虎洞窑址瓷器精选》，第163页，图134，文物出版社，2002年。

9 / 金英美《纯白的美——景德镇窑青白瓷》，社会评论出版社，2008年。

大元帆影

韩国新安沉船出水文物精华

② 吉州窑

吉州窑位于江西省境内，是一处宋元时期的民窑，以生产黑釉和白地黑花瓷器著称。宋代黑釉碗以装饰有树叶、剪纸、兔毫等纹样为其特色[10]。新安沉船中发现的吉州窑瓷器有白地黑花、黑釉、玳瑁釉器物和彩绘陶俑等。其中黑釉器有露胎折枝梅花纹两耳瓶和碗、壶等。日本的博多、平安京遗址中均发现了相当于13世纪后期至14世纪前期的吉州窑白地黑花瓷片[11]。

彩绘陶俑共发现40余件。大多数高7～8厘米，有带基座的坐像，也有无基座的立像。不仅是人物的姿势，连同头发、服装、手势、持物也都形态各异，其中还包含了罗汉像。

③ 七里镇窑

七里镇窑位于江西省赣州一带。创烧于唐代晚期，经两宋，至元代而趋于消亡[12]。七里镇窑早期兼烧青瓷、白瓷和黑瓷，至元代以烧制黑釉瓷为主。新安沉船中发现的七里镇窑制品为乳头纹小罐。根据不同的施釉方式，可分为几个小类：其一，通体施黑釉；其二，口沿与内部施黑釉，外壁露胎，腹部饰柳斗纹；其三，囊形，口沿及内部施钧窑式青釉。由于七里镇窑与生产钧窑系青瓷的铁店窑地域相近，两地窑场间存在着陶瓷器制作技术交流的可能性。

3）福建地区

① 建窑

新安沉船中发现的"建盏"约40件。在日本被称为天目碗的建盏产于福建建阳一带[13]。窑址中发现的黑釉盏上刻有"供御"、"进盏"的铭文，帮助我们确认了建盏与皇室的关系。自北宋起，建盏因受到朝廷的推崇而大为盛行，至宋朝灭亡后也随之失去了踪影。日本的饮茶文化始于平安时期，至镰仓时期，茶道在寺院僧侣或上流阶层中间大为流行。宋代的团茶在日本镰仓时期继续流行，这也使得日本人依然对建盏保留有一定的需求[14]。根据其口沿磨耗的状态分析，出土的这批茶盏当是应少数日本高层人士需要要特别购入的宋代旧器。

10 / 陈柏泉《江西出土的几件宋代吉州窑瓷器》，《文物》1975年第3期；余家栋《中国陶瓷全集15·吉州窑》，上海人民美术出版社，1986年；高立人《吉州永和窑》，文汇出版社，2002年；深圳博物馆等《禅风与儒韵》，文物出版社，2012年。

11 / 龟井明德《日本出土の吉州窑陶器について》，《贸易陶磁》11，1991年。

12 / 薛翘《略谈新安沉船中的七里镇窑瓷器》，《中国古代窑址调查发掘报告集》，文物出版社，1984年；薛翘《江西赣州七里镇窑古瓷窑址调查》，《中国古代窑址调查发掘报告集》，文物出版社，1984年；江西省文物考古研究所《江西赣州七里镇窑古瓷窑址发掘简报》，《江西文物》1990年第4期。

13 / 建阳县文化馆《福建建阳古瓷窑址调查简报》，《福建文博》1984年第2期；森达也《天目と吴州赤绘》，《出光美术馆馆报》155号。

14 / 筒井纮一《法の移入とその展开 —— 平安镰仓时代と中心に》，《特别展唐物天目 —— 福建省建窑出土天目と日本传世の天目》，福建省博物馆·茶道资料馆，1994年。

② 闽清义窑

福建省的闽清义窑是宋元时期一处重要的白瓷、青白瓷和黑釉瓷产地[15]。新安沉船中发现的闽清义窑瓷器的种类有碗、盘、瓶。碗、盘均为芒口，口沿保留有金属包边的痕迹。部分碗的内底压印有"白玉满堂"、"玉出崑山"、"水山福海"、"富贵长命"、"崑山片玉"、"白玉片一"、"福禄双全"等文字，又有墨书"上色白瓯"字样。

③ 磁灶窑

磁灶窑位于福建省晋江县，创烧于南朝时期，历经唐、五代，至宋元时期趋于鼎盛[16]。新安沉船内发现的磁灶窑制品有黑褐釉大盆，器表施釉几乎剥落殆尽，原始施釉状况难以确定，仅可据此推断它经历了长期的使用过程。器物胎土呈灰褐色，夹沙。另外，还有烧成度较低的青色铅釉印花云凤纹花形盘。同样，该器表面铅釉亦几乎剥落殆尽，原有施釉状况难辨。

④ 洪塘窑

位于福建省福州市西郊的洪塘窑生产的黑釉小壶器壁薄，胎土细密，呈茶褐色。表面褐釉富有光泽，施釉近底部。在日本，人们将它与木制盖子配合使用，作为装茶叶的容器，在茶道器具中占有重要的地位。在福州的宋元时期遗址地层和福州地区的宋代墓葬中，均发现过同类器物[17]。

4）其他地区

① 广东石湾窑

新安沉船内发现的褐釉陶器中肩部刻有"正宝"、"清香"等铭文的四耳壶应为宋元时期广东石湾窑烧制。这类器皿在日本为装水用的茶道用具之一。在14～15世纪的日本，以濑户窑为代表的各地窑口均有模仿石湾窑四耳壶的产品[18]。石湾窑四耳壶与磁灶窑褐釉四耳壶相似，不同之处在于石湾所产的器型特点为小口、折肩。

15 / 曾凡《福建陶瓷考古概论》，福建省地图出版社，2001年；中国国家博物馆水下考古中心《西沙水下考古1998～1999》，2006年；栗建安《中国福建地区古代贸易陶瓷的生产と输出》，《东アジアの海とシルクロードの据点福建——沉没船・贸易都市・陶磁器・文化》，爱知县陶磁资料馆，2008～2009年；木下尚子编《13～14世纪の琉球と福建》，熊本大学文学部，2009年。

16 / 福建省博物馆《磁灶土尾庵发掘简报》，《福建文博》2000年第1期；何振良等《磁灶窑瓷》，福建美术出版社，2002年。

17 / 栗建安《福州地区における薄胎酱釉器の发见と研究》，《野村美术馆研究纪要》，2004年；栗建安《中国福建地区の窑址绍介》，《东アジアの海とシルクロードの据点福建——沉没船・贸易都市・陶磁器・茶文化》，爱知县陶磁资料馆，2008～2009年。

18 / 森达也《中国の壶罈——宋から明代の输出陶磁を中心に》，《特别展古陶の谱 中世のやきもの——六古窑とその周边》，爱知县陶磁资料馆等，2011年。

② 河北磁州窑

新安沉船中所见白地黑花龙纹罐和白地黑花花纹罐为元代磁州窑的典型器种。日本各地也多次发现与新安沉船中相同时期的磁州窑白地黑花瓷片[19]。与白地黑花瓷伴出的还有大量的黑釉陶壶。这类被称为韩瓶的壶，以小口、筒形腹，肩部附四耳为其特征。也有学者认为这些陶壶也应为磁州窑产品。

③ 江苏宜兴窑

新安沉船中发现的2000余件黑褐釉四耳壶在中国被称为韩瓶。它可能为储水或酒的容器。宜兴窑出产的四耳壶，大口，且腹部近于直线。这种形式的壶在江苏省和上海等地遗址中均有大量发现。日本以长崎县鹰岛海底遗址为代表的一些遗址中也发现了大量此类器物。此外还有小口四耳壶和大口黑釉壶等，有调查研究资料表明，这类器物也可能是磁州窑或铁店窑等窑口的产品[20]。

④ 高丽青瓷

新安沉船中发现高丽青瓷7件。高丽青瓷产于康津和扶安，时代为12～14世纪。装饰技法有刻花、象嵌、塑造等，器型有碗、盏托、枕、梅瓶、砚滴、盖等。

以模仿五代越窑瓷器创烧的高丽青瓷约在12世纪形成了自己独特的风格。高丽青瓷的翡色与中国青瓷的秘色不同，为其自身所独有。高丽青瓷在中国的黑龙江、辽宁、内蒙古、北京、山东、河北、江苏、安徽、浙江等地均有发现[21]，而与新安沉船中所见类似的高丽青瓷在日本的京都、镰仓、博多等地遗址中也有出土[22]。这说明，高丽青瓷在中国和日本同时受到了欢迎。可以推测，新安沉船中发现的高丽青瓷，应是先输入到中国，再由杭州的古美术品商人转卖予日本商人。

⑤ 日本濑户窑

日本濑户窑青釉梅瓶共发现2件。器型为小口、短颈中央有弦纹突起，一件素面，另一件刻划牡丹纹。器身有流釉现象，胎土呈灰色，夹杂不少杂质。通过与宋代景德镇窑所产青白瓷梅瓶的器型和纹

19 / 三本朝子《博多出土磁州窑系陶器仿定器》，《楢崎彰一先生古希记念论文集》，1998年。

20 / 三本朝子《博多出土贸易陶磁分类表》，《福冈市埋藏文化财调查报告书第105集 别册》，1984年；森达也《褐釉长胴四耳壶生产地年代》，《鹰岛海底遗迹V》，长崎县鹰岛町教育委员会，2001年；森达也《中国の壶甕 —— 宋から明代の输出陶磁を中心に》，《特别展 古陶の谱 中世のやきもの——六古窑とその周边》，爱知县陶磁资料馆等，2011年。

21 / 小林仁《中国出土高丽青瓷考》，《中国古陶瓷研究》第14辑，紫禁城出版社，2008年。

22 / 手塚直树《镰仓出土高丽青瓷》，《三上次男博士喜寿记念论集》陶磁编，平凡社，1985年；三本朝子、片山まび《博多出土の高丽朝鲜陶磁の分类试案 —— 生产地编年を视座として》，《博多研究会志8》，博多研究会，2000年；降矢哲男《遗迹出土の高丽青瓷》，《南岛考古19》，冲绳考古学会，2000年；降矢哲男《韩半岛产陶磁の器流通 —— 高丽时代の青磁を中心に》，《贸易陶磁研究22》，2002年；韩成旭《日本镰仓出土高丽青瓷研究》，《东亚文化》创刊号，2005年。

样进行比较，可以看出濑户窑青釉梅瓶的制作技法深受景德镇窑的影响[23]。12世纪起创烧的濑户窑开始仿制中国的白瓷和青瓷，至十三四世纪，转而以龙泉窑青瓷为模版烧造灰釉产品，以及模仿建窑的建盏烧制天目碗。

2. 金属器

金属遗物包含了铜、银、锡制祭器，烛台，铜镜，厨房用器，瓶，壶，香炉，灯盏，秤锤，觚，爵，注子，龙形笔架，钟，佛像，香箸等720余件器物，大部分均为消费品。其中有数量众多的可视为花瓶的瓶和觚。瓶类器种有蒜头形瓶、两耳瓶、净瓶、扁瓶、透刻花纹香瓶等样式。同时还有类似于博山炉的各种形式的三足香炉和烛台。香炉中的四脚方形香炉与温州南宋墓出土的鼎式炉[24]相似，或是作为古物购入的商品。铜镜中除刻有"子厚"、"湖州"铭文的，还有四角形双鹤纹镜，花形镜，以及绘有海上楼阁的日本铜镜等。其中"湖州"铭文铜镜是新安沉船时代之前的宋代广为流行的铜镜品种。

此外还发现了300余件银白色的金属锭，据测定为锡制品。部分锡锭上分别刻有"平心"、"王九郎"、"上品白锡重□□足"、"王乙斗"等铭文。这些锡锭应为制造佛像或其它器物的原材料。

3. 漆木器

木器有棋子、菩萨立像等，漆器有钵、碗、小盒、圆筒形盒、香盒、砚等，数量不多。漆钵中有刻"辛未兮塘，陈万一叔造"铭文的，推断其年代为1271年。同时发现的还有3件日本朱漆碗，内底和内、外壁以黑漆和朱漆画有砂滨、竹笼、草花、车轮纹。这种纹样组合在镰仓时代的朱漆碗中极为常见，推测它们应是新安沉船上搭载的日本人的饮食用器。

4. 铜钱

新安海底遗址中打捞出的铜钱共计28吨，种类从新莽时期（9～23年）的货泉（始造于14年）到1310年制造的元代"至大通宝"和"大元通宝"，几乎网罗了所有品类的铜钱。特别是至大通宝和大元通宝的存在，说明新安沉船最晚于公元14世纪前叶沉没。

日本国内自平安时代起到10世纪为止，主要通行"皇朝十二钱"。此后由于铜钱铸造量不足，而代以从中国输入铜钱以供本国流通使用。很多观点认为铜钱是作为受欢迎的商品而输入的，但简言之，铜钱的输入更主要的还是经济上的原因造成的。由于当时北京的金价是日本首都京都金价的3倍，因此可以确信，日本商人在对中国贸易中以黄金换取铜钱，从中牟取了巨额利润。

23 / 井上喜久男《中世のやきもの——六古窑とその周边》，《特别展 古陶の谱 中世のやきもの——六古窑とその周边》，爱知县陶磁资料馆等，2011年。

24 / 王牧《中国南方地域における宋元期の仿古青铜器》，《东アジアをめぐる 金属工艺》，勉诚出版，2010年。

5．香料和药材

宋元时期，中国福建在通过泉州与西亚、东南亚等地的贸易中输入了200余种香料和药材。泉州的宋代沉船中发现的香料和药材包含了降真香、沉香、檀香、乳香、龙涎、玳瑁、胡椒、槟榔等。

新安沉船中出土的植物品种有胡椒、巴豆、山茱萸、使君子、槟榔、荔枝、银杏、桃子、梅子、胡桃、栗子、桂皮、生姜等。这些物品中包含有搭乘者自带食用的水果，胡椒则部分为贸易品，部分可能也是船上人员的食材。

同时，在船底还发现了大量的主产于印度、东南亚的紫檀木。发现时，这些紫檀木依然极少腐烂且十分坚固。这些应是要在日本制作印章、佩带用装饰品和佛像等器物的原材料。

6．书画和纺织品

发掘时发现了挂画的残件、竹制扇骨和手卷的木制轴。这些物品或许原来陈设于上部船舱一类的安全场所，船沉没时遗留在船上，此后慢慢腐烂消失。织物与纸张已荡然无存，仅它们的木制构件保存下来。当时浙江一带生产的纺织品是对日本输出的主要商品。正仓院和法隆寺保存了当时输入的鸳鸯纹锦和绿草木夹缬屏风。元朝也通过庆元港向日本输出了大量的纺织品，它们与新安沉船上的其它商品一起沉埋了650载的岁月。

有文字记录的文物

1.青铜秤锤

新安沉船内出土了一件典型的元代青铜秤锤。秤锤上附梯形把手，锤身中部穿孔。锤身一面嵌有"庆元"两字，另一面嵌"庚申年"铭文。庆元即今天的宁波，庚申年应为1320年。根据这件秤锤可以推断新安船是在1320年之后的某一个时间点由宁波始发的一条贸易船。元世宗于延祐元年（1314年）在广东、泉州、庆元重设市舶司管理海外贸易，并建立了二十二条贸易统制规定，金银、铜钱、铁材、丝绵、绫罗、米粮、武器等均禁止出口，严禁个人出海贸易，形成了森严的官方贸易制度。市舶司一度于延祐七年（1320年）废除，复于英宗至治二年（1322年）单独恢复庆元市舶司。与此同时，日本后醍醐天皇时代的正中二年（1325年）修建的建长寺、元弘二年（1332年）修建的住吉寺、兴国二年（1341

年)修建的天龙寺等均亟需大量的建筑材料与生活用品。因此，日本经常派遣成队的僧侣赴中国采购各类必需品。而这些事件恰恰都发生于元英宗重设庆元市舶司之后。由此也可以证明，新安船是在恢复庆元市舶司的翌年即1323年出航的。

2. 木牌

新安沉船中发现各式各样的墨书木牌360余件，对我们了解新安船的具体信息有很大的帮助。木牌记录的内容包含货物主人的姓名、纪年铭、寺院名、物资的种类和数量等。纪年铭最晚为至治三年，寺院名则有东福寺、钓寂庵、筥崎宫等。人名有航海总负责人纲司和货物主人名如教仙、一田早米、八郎、松菊得、菊一、秀忍、とう二朗、いや二朗等。标注的物资种类较少，有陈皮廿七斤、正司、甘草□朗等。

记录年份的木牌中有8件为"至治三年"，令我们得知了沉船的确切年代。除年号之外，木牌上还记录了从4月22日至6月3日的日志。准备行李物品大致消耗了40天的时间，接下来为出航日期应无问题。一般认为，5 ~ 6月是远航日本的适当时期。

钓寂庵隶属博多的承天寺，承天寺又附属于京都的东福寺。镰仓时期的日本禅宗大师圣一国师圆尔于公元1242年，在宋朝商人谢国明和日本贵族武藤的支持下建立了承天寺。他以此为基础开始接受中国文化，后又于1243年赴京都建立东福寺。筥崎宫则是中国商人谢国明在武人势力捐赠的土地上兴建的。

1319年前后，京都的东福寺和筥崎宫毁于大火。或者新安船就是为运载重建东福寺的必需品而远航的船舶。筥崎宫方面也可能趁此机会搭载部分必需品。据记载，为了重建在1319年毁于火灾的东福寺，晚年任东福寺住持的南山士云前往承天寺，居住于钓寂庵中，由此也可见这几座寺庙间的联带关系。此后，1321年远在元朝的弟子东州至道为重建东福寺被召回国，而另一弟子芳祖庭则被派往元朝。不妨推测，新安船可能是这些相关人物所搭乘的一艘商船[25]。

新安遗物与精神文明

新安沉船原运载物品以陶瓷器为大宗，其数量按器类统计，分别为碗2000余件，盘14000余件，盏1000余件，注子300余件，壶4000余件，香炉600余件，盏托30余件，水盘50余件，花盆300余件，以花瓶为主的各类瓶400余件。这些陶瓷器的用途与当时日本的经济、文化状况及日本人的审美观究

25 / 国立历史民俗博物馆《陶磁器の文化史》，大塚巧艺社，1998年；国立历史民俗博物馆《东アジア中世海道 —— 海商·港·沉没船》，每日新闻社，2005年。

竟有何关系，我们将作进一步的探讨。

1. 茶文化

中国的茶文化于平安时代（794～1185年）传入日本，最初盛行于以天皇为中心的贵族社会，此后又演化成为寺院的药用饮料。禅院兴起的同时，禅僧们通过名为茶礼的礼仪开展品茗活动。当时使用的茶盏及宴会用的装饰品几乎都来自中国。流传至今的圆觉寺佛日庵《佛日庵公物目录》详细记录了禅院使用中国文物的具体情况。该目录最终由僧人法清作成于贞治二年（1363年），其中包含了元应二年（1320年）已完成的部分。目录中记载的书法、绘画、佛具等物品全部由来自中国的器物组成。通过这些内容，我们不难理解日本的禅与茶礼和中国文物的内在联系。

镰仓时代幕府的首脑金泽贞显（1278～1333年）在京都居住十余年后重返镰仓，在他编纂的《金泽文库》中，怀着对茶文化的强烈憧憬，记录了蒐集天目盏、盏托、茶盒等物品的背景故事。由于茶道的流行，许多人开始收藏各种茶具，于是中国文物逐渐输入并流行开来。有一封他向镰仓称名寺二代住持剑阿（1261～1338年）借茶道用具的信值得关注。信中提及他为了调制抹茶向道日上人借了三块茶叶及茶碾的事，并表现出他对茶碾的依赖。金泽贞显对茶碾表现出的这种依赖，与当时茶碾价格高昂有很大的关系，同时也表明茶道用具与寺院有着紧密的联系。在另一封写给一位女性的信中，我们可以看到镰仓末期至南北朝时代中国文物已经成为武人集团大量收罗和鉴赏的对象。考虑到武人集团的茶会基本是按照禅院的茶礼在进行的，因此不难理解茶礼与中国文物对后世茶道产生的巨大影响。不仅是在京都，在镰仓中国的文物和茶同样十分流行，中国茶具与茶同时记载的事例充分说明两者间存在着密不可分的关系。

新安沉船中发现了大量茶盏、盏托、注子、茶盒及茶碾、炭等与茶有关的遗物，特别是其中的石制茶碾，与日本高知县吸江寺收藏的"贞和三年"（1349年）铭茶碾颇为相似。这可以作为当年禅宗寺院内流行抹茶的确切证据。

2. 插花、陶瓷器和香文化

新安沉船出土的陶瓷器中约有花瓶400余件，花盆300余件，以及水盘50余件。这些瓷器的共同点都可以作为种花的器具。特别是高度在10～50厘米的花瓶的种类最为繁多，既有青瓷、白瓷、黑瓷、白地黑花、钧窑系青瓷等各种瓷瓶，也有金属材质的花瓶。

日本人用瓶插花的事例在平安时代以后频繁出现。10世纪的随笔文学著作《枕草子》就有关于用青瓷瓶插樱花并摆放于栏干下的记载。

自镰仓末期起，历经南北朝时代，日本的茶会及和歌会等活动盛行开来。与此同时，中日两国间的禅宗交流也日益兴盛。来往于两地间的僧侣和商人们，不断将中国的绘画和文物等带往日本。当时的日本国内中国风盛行，成为促进中日交易繁盛的重要因素。

利用中国传来的文物召集的各种聚会中，有一种被称为"花会"的活动。据东坊城秀长的康历二年（1380年）6月9日的日记记载，当日在二条良基的家中，包括义满在内的幕府官员和僧侣共二十四人会聚一堂，以左右分优劣举行赏花会。并且在各人名字下，还标注了各自携带与会的花瓶的种类名称。

完成于天文23年（1553年）的立花图卷向我们展示了插满花卉的各式花瓶。这些都是来自中国的青瓷、白瓷或青铜瓶。这是展现当时日本流行花瓶与插花文化的重要资料。这幅画中所绘花瓶，与新安沉船中发现的各种花瓶在形态上颇为相似[26]。

兼之在日本中古时代，以寺院为中心的茶文化逐步向世俗扩散，原先佛堂上使用的三样供佛用具香炉、烛台、花瓶，与绘画等一起成为起居处的装饰用具。南北朝时代（1336～1392年）完成的"慕归绘词"用绘画的方式描绘了本愿寺（废于观应二年即1351年）第三代住持觉如的早期的生活，生动再现了14世纪寺院生活的各个方面。在第八卷中描绘的是一名童子在房内读书的场景[27]。画面上我们看到了烛台、香炉和花瓶的三器组合。木门前的桌上摆放插着樱花的青瓷花瓶和青瓷香炉，这两件器物与新安沉船上的龙泉窑青瓷极为相似，值得予以关注。

在中国，因饮茶的盛行而衍生出以金银和钱货为目的的斗茶活动。而在日本贵族社会中，出于宗教与审美的观念，香使用频繁，逐渐衍生出斗香的活动[28]。

以上是沉醉于中国文化的日本生活文化中的一些片断，新安沉船中的遗物为印证这些内容提供了实物依据。

26 / 佐藤丰三《座敷に饰された花，花生》，德川美术馆、根津美术馆编，1982年。

27 / 国立历史民俗博物馆《东アジア中世海道 — 海商·港·沉没船》，每日新闻社，2005年。

28 / 金英美《마음을 담은 그릇 — 新安香炉》，社会评论出版社，2008年。

新安沉船是研究当年东亚地区海上丝绸之路文化交流的重要资料。现将新安沉船内发现的遗物的性质作如下阐述。

首先，新安沉船因它所包含文物以陶瓷器为主而被称为陶瓷器贸易船。在这些陶瓷器中龙泉窑青瓷的比例占60％以上。1323年的《北条贞时十三回忌》载圆觉寺以物品代金支付的物品中有"青磁钵六对大小，饶州垸六"[29]。1325 ~ 1332年滞留元朝的中严圆月的《东海一漚集》[30]中记录了1342年他从物外可什处得到礼物青瓷八卦纹香炉后，为表感谢而作的一首诗。通过这些资料，我们可以了解当时的日本人对于中国文物特别的钟爱之情。

其次，日本人对中国陶瓷器的偏爱。从对历史悠久的中国文化的憧憬出发，为追求高层次的精神世界，蒐集作为承载这些精神的中国文物，成为当时日本人的一种强烈欲望。特别是新安沉船上的文物与日本的茶、花、香文化密切相关的物品占据了很大的比重。这意味着新安沉船上的遗物是当时东亚地区通过实物进行精神文明交流的重要证据。

第三，新安沉船上不仅有当时中国流行的日常生活用品，还包括了当日保存下来的古代美术品。这充分显示出日本人对于过往的热爱及其独特的审美观。他们延续着中国宋代流行的复古风的文化潮流，并体现出学习仿效的倾向。

第四，作为主要商品的中国陶瓷器不难是中国陶瓷器自身编年的重要依据，也是日本中世时代考古学编年的重要资料。这也正是新安沉船陶瓷器的价值所在。

最后，在未来的研究课题中，新安沉船的航线问题，即新安沉船的目的地究竟仅限于日本，抑或还包含有其他国家，这将是需要我们深入研究的。此外，对于这些中国陶瓷和金属器的制作年代与产地问题的研究，也将在各种争论中继续深入。

29 / 村井章介《文化は贸易船に乗つて—镰仓时代の日中交流》，《日本の美术7》No. 410。

30 / 中严圆月《谢惠青器香炉并序》，《东海一漚集四》（出自玉村竹二编《五山文学新集》第四卷，东京大学出版会，1970年）："窑瓷精致何处来，括苍所产良可爱，滑润生光与玉侔，青炉峙立灰晶蕊，卦文旋转观有伦，檀片吐香烟蔼蔼，粟散王国若乱离，十年不见通货卖，江南之物皆价翔，陶器况最难运载。"

元帆影

韩国新安沉船出水文物精华

Sailing from the Great Yuan Dynasty
Relics Excavated from the Sinan Shipwreck

第一部分

巍巍宝船

公元1323年后，一艘满载着中国、日本、高丽以及其他东南亚国家货物的商船意外地沉没在了高丽的新安外方海域。

1975年，韩国渔民作业时偶然在这里打捞出了大量的中国青瓷，之后韩国政府组织了「新安海底遗物发掘调查团」，在1976年至1984年间，进行了十次大规模的探查、发掘与打捞，这艘在海底沉睡了600多年的沉船，终于重见天日。从沉船上打捞的墨书「至治三年六月二日」、「东福寺」、「钓寂庵」等木简和「庆元」铭铜权，推断该船是元代至治三年（1323年）后，从浙江宁波港（庆元港）启航，驶向日本博多港（福冈）的海外贸易商船。船体遗骸经拼装复原后，据其形制与建造工艺与在泉州发现的南宋古船相似。在新安沉船的龙骨接头保寿孔内，安放有一面铜镜、七枚铜钱，恰恰与福建船在保寿孔内安放铜镜和七枚铜钱俗称「七星伴月」的习俗相同。因此推证新安沉船为中国福建建造的福船，此说也得到了国内外大多学者的认可。

铜钱
Copper Coins

新安沉船中共出水800万枚重达28吨的中国铜钱，有包括"五铢"钱在内的52个品种，年代从王莽新朝的"货泉"到元代的"至大通宝"和"大元通宝"。相当于中国清代之前，日本是以中国铜钱作为主要的流通货币。新安沉船中数量巨大的中国铜钱，体现了宋元时期中日紧密的贸易往来及日本社会对中国社会高度的依赖关系。（江屿）

"庆元"铭青铜权
Bronze Weight
with "Qing Yuan" Inscription

高 9.3、径 4.5 厘米

权，即秤锤。权身一面刻"庆元"，一面刻"庚申年"铭，"庆元"即今宁波，庚申年当为1320年。此权的出水为新安沉船的起航时间与地点提供了参考依据。（江屿）

青铜钹
Bronze Cymbals

高 5.2、直径 28.8 厘米

钹原是佛教用法器，至宋代逐渐世俗化后多用于民间歌舞。海船进出港时，也常以钹、锣传达信号，新安沉船中出水有钹3对，锣7面。此钹形制与日本京都市东寺"文保二年（1318年）"铭钹相似。（江屿）

青铜铃
Bronze Bell

高 3、直径 2.8 厘米

铃由上下两部分组成，顶部有用于系绳的小孔。其功用应与钹一样，系航船间传播信号的用具。（江屿）

青铜锅
Bronze Cooking Pot

高 10.5、口径 23.7 厘米

新安沉船文物中有多种金属器物，共 700 多件，其中
包括各种银器、铜质祭器、烛台、铜镜、厨房用具、
瓶类、香炉、灯、盏等。这件带柄铜锅，应为船员生
活用具。（江屿）

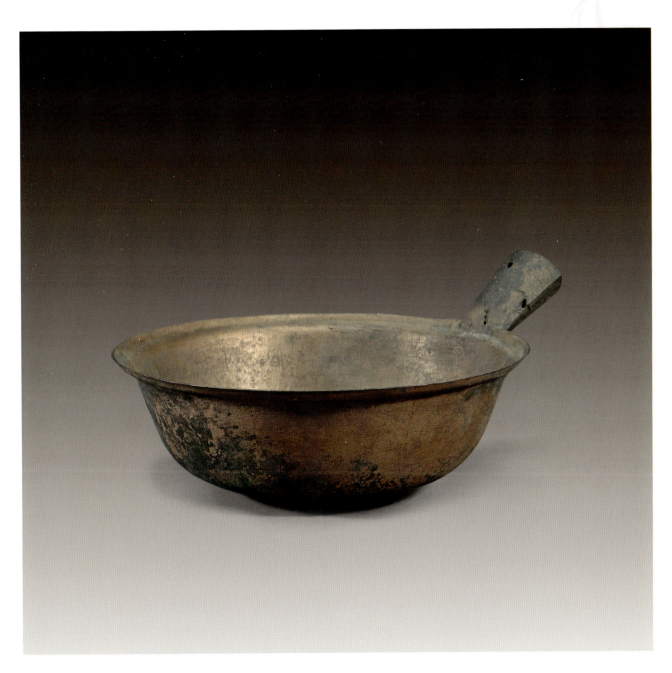

银盏
Silver Cup

高 3.1、口径 7.2、底径 4.2 厘米

银盏内底刻莲瓣纹，阴刻"王九郎"三字。（江屿）

青铜钵
Bronze Bowl

高 36、口径 45.3 厘米

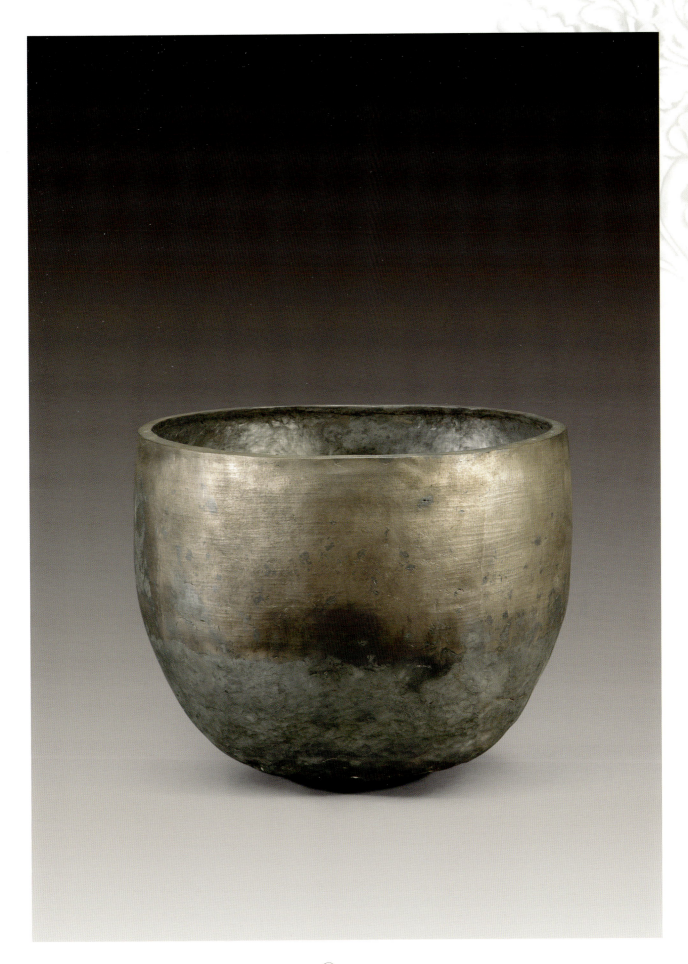

Sailing from the Great Yuan Dynasty
Relics Excavated from the Sinan Shipwreck

木箱
Wooden Bucket

高 26.5、直径 33.4 厘米

船货的外包用箱，出水时瓷器大多摞在箱内，既不易破损，也合理地利用了船舱内有限的空间。（江屿）

木箱
Square Wooden Box

高 62、长 49.4、宽 40.6 厘米

箱子为方形，一侧有墨书"大"字。（江屿）

铜匙
Copper Spoon

长20.5厘米

铜锁
Copper Lock

高 3.3、长 13.9厘米

青铜铲
Bronze Scoop

高 4、长 31.4、宽 20.3 厘米

铜漏
Copper Funnel

高 8、口径 13 厘米

青铜勺
Bronze Ladle

高6、口径8.3厘米

木屐
Wooden shoe

高 5.2、长23.5、宽 11厘米

屐是中国古代的一种木质鞋子，适宜在雨天或泥泞地中行走，后传至日本并广为流行，与和服一样成为日本民族文化的象征。（江屿）

日本濑户青釉梅瓶
Celadon *Meiping* Vase, Seto Ware, Japan

高 25.2、口径4.3、底径 10.4厘米

濑户瓷是日本最早的古瓷品种，制作工艺、产品风格与中国福建、浙江瓷器相类。此瓶是典型的濑户瓷，新安沉船中仅见两例。（江屿）

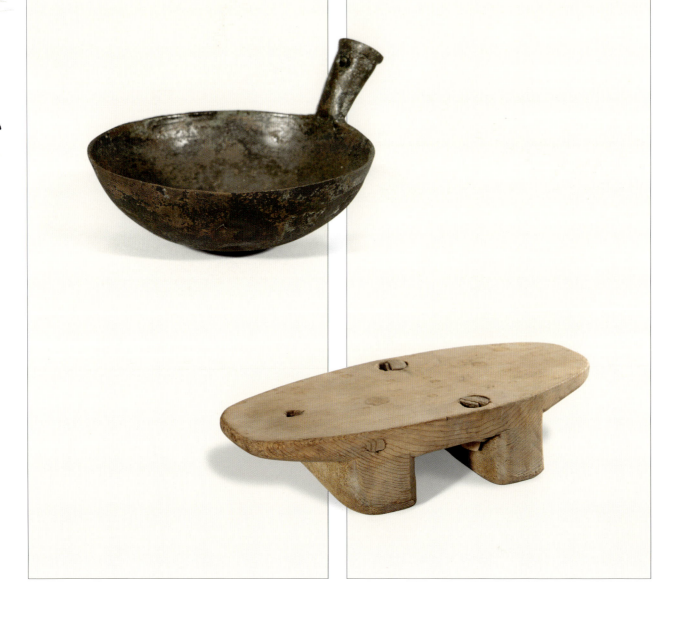

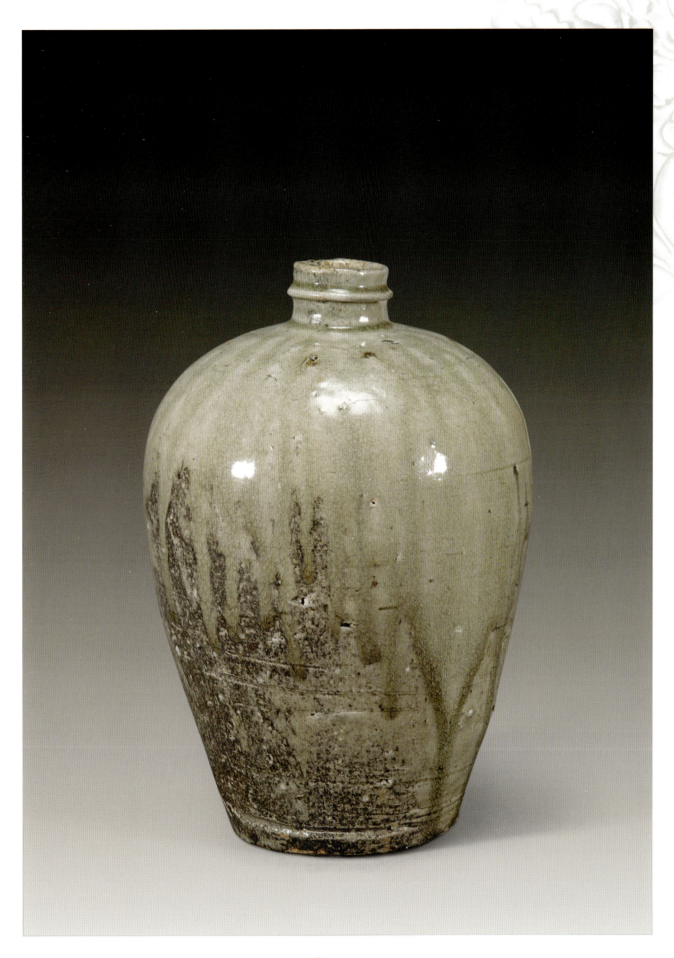

吉州窑玳瑁釉梅瓶
Tortoiseshell Glazed *Meiping* Vase, Jizhou Kiln

高30.2、口径5.5、底径9.9厘米

黑褐釉盆
Dark Brown Glazed Dish

高11.7、口径49、底径33厘米

胎体粗糙，呈泥黄色，施黑褐釉，器表因海水腐蚀大部分露胎。（江屿）

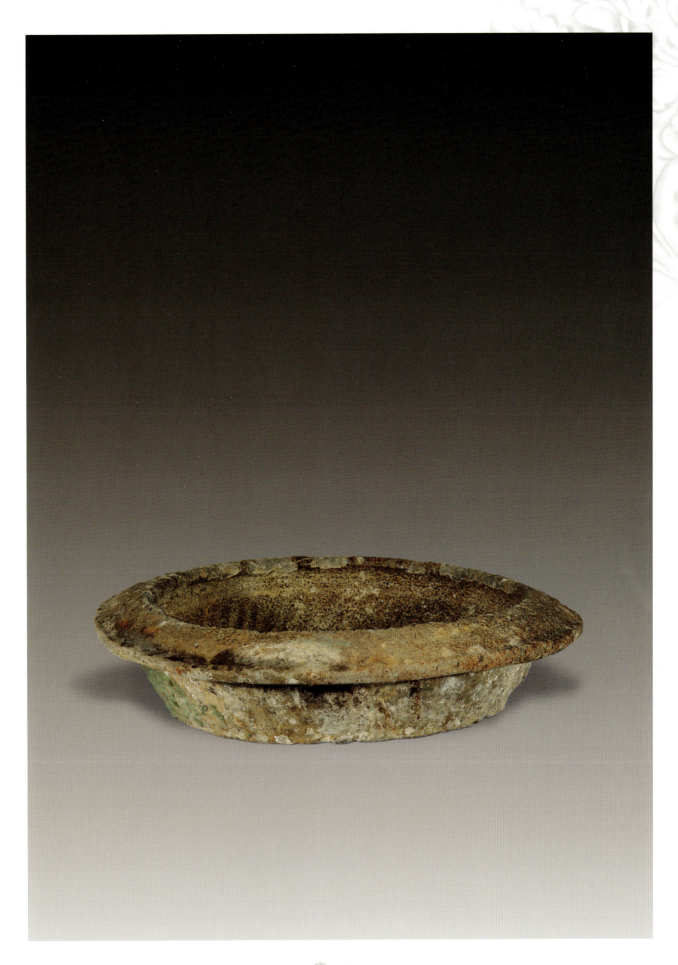

Sailing from the Great Yuan Dynasty
Relics Excavated from the Sinan Shipwreck

孔雀蓝釉云凤纹盘
Dish with Phoenix Design

高3.8、口径25.3、底径17.5

Sailing from the Great Yuan Dynasty
Relics Excavated from the Sinan Shipwreck

围棋子
Stones of the Go Game

直径 1 ~ 1.3 厘米

黑釉棋子罐
Black Glazed Bowl of the Go Game

高 7.8、口径 6.5、底径 7.4 厘米

棋子罐与围棋子成套出现，应为船员娱乐所用。

（江屿）

骰子
Dice

高0.8、宽0.8厘米

骰子，亦作色子，为古老的赌具之一，应为船员娱乐所用。（江屿）

将棋
Shogi Pieces

高3厘米

将棋，又称日本象棋，是一种流行于日本的棋盘游戏。新安沉船上的这组将棋，共6枚，呈圭形，墨书"金将"、"桂马"等。（江屿）

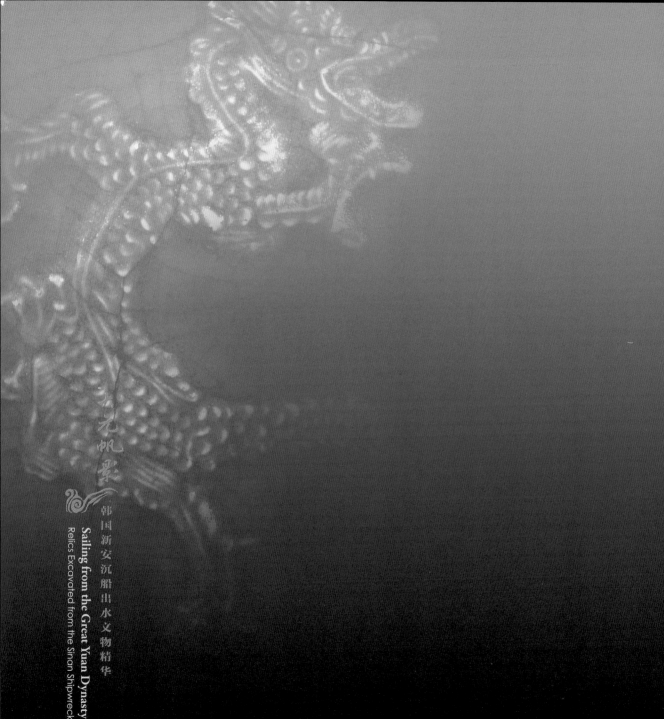

大元帆影

韩国新安沉船出水文物精华

Sailing from the Great Yuan Dynasty

Relics Excavated from the Sinan Shipwreck

第二部分

儒雅东方

以儒家思想为核心，是中国、高丽、日本和越南为代表的东方文明与西方世界的最大区别。自上古以来，中国与朝鲜半岛、日本列岛之间就有频繁的往来。隋唐以降，日本、新罗更是不间断地从中国学习治国方略和文化技术。宋元时期随着指南针的发明与造船技术的提高，海上航行能力发展空前，称「凭其所向，荡舟以行」。当时仅从庆元（宁波）出发往日本就有两条航线：往东经琉球直达日本列岛，往北经朝鲜半岛抵达日本。大量中国的丝绸、瓷器、茶叶、金属器等源源不断地输往日本、高丽等地，并由此影响了日本与韩国的宗教、建筑、制瓷技术、茶文化、印刷术、绘画以及日常生活习俗。

宗教

日本与韩国的佛教均由中国传入，三者间关系渊源深厚。早在公元4世纪后期，朝鲜半岛就开始接受中国南北朝佛教的影响。日本佛教是由百济僧人与中国僧人共同传入的，圣德太子摄政后佛教开始得到广泛流传，几乎所有的中国佛教宗派都陆续传到了日本。韩国、日本在接纳中国佛教思想的基础上，结合自身的国情和民间信仰，又创立了新的佛教思想，如中国的天台宗教典在远播日本后，创立了日本天台宗。这既是佛教宗派传播的范例，也证明了浙江在当时海外交流中特殊的历史地位。

鎏金菩萨坐像
Gilt Copper Statue of Seated Bodhisattva

高 11.8

新安沉船中各种质地的佛教类用器所占比例很大，从船货中有墨书日本"东福寺"、"钓寂庵"等寺院名以及众多僧侣名号的木简可知，船货与这些佛教寺院有很大的联系。（江屿）

加彩供养人像
Colored Statue of a Buddhist Worshipper

高 7.3、底径 3.5 厘米

供养人像是信徒为了表示虔诚，留记功德和名垂后世，在宗教绘画或雕像的边角雕刻的自己及家族、亲眷、奴婢等人的肖像。该像呈垂拱之姿，神态平和，表情肃穆，为典型供养人造像。（江屿）

供养人像
Statue of a Buddhist Worshipper

高 10.7、底径 5.1 厘米

僧伽像

Statue of Seng-chieh

高 7.5、底径 5.2厘米

僧伽，西域名僧，俗姓何，唐龙朔初年来到中国，于泗州建寺，后居荐福寺，世称其为观音大士化身。僧伽作为观音菩萨化身的信仰在唐末至宋元时期盛极一时，各地建造塔寺、塑立真身供奉僧伽的情景比比皆是。（江屿）

青铜钟
Bronze Bell

高 19、直径 16 厘米

银净瓶
Silver Kundika

高 29.2、底径 6.5 厘米

用以盛水的佛教用具。此瓶呈唐宋以及新罗、高丽流行的净瓶的样式，颈部、腹部细长，通体素面。（江屿）

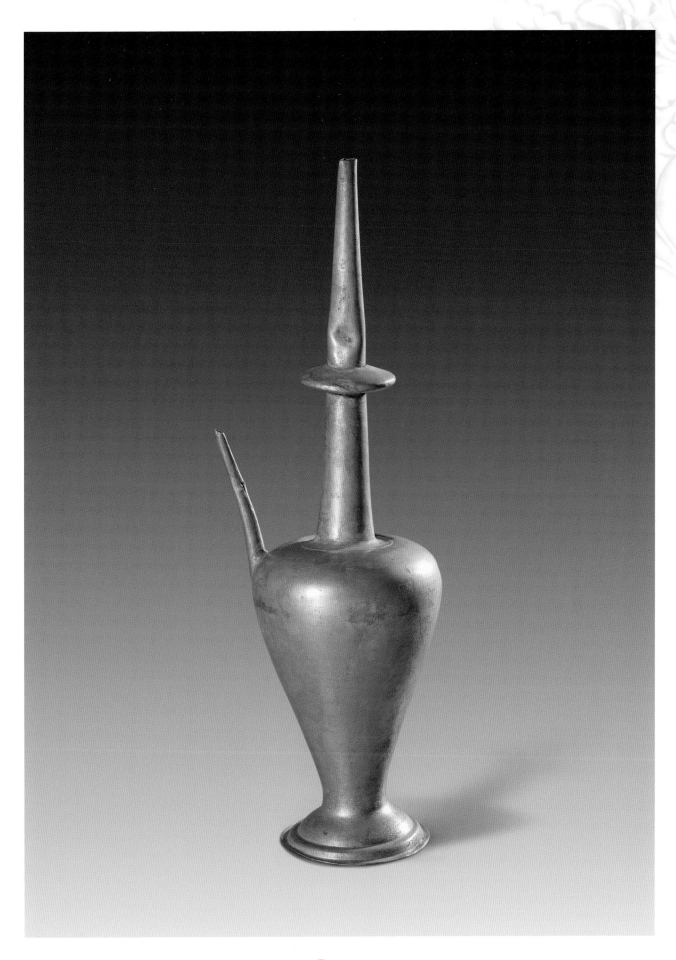

青铜觚

Bronze *Gu* Vessel

高 26.9、口径 15.5、底径 9.6厘米

觚是中国古代酒具，也用作礼器。盛于商和西周，后逐渐衰落。自宋代开始，铜、瓷等质地的觚盛行于世，并传到日本、朝鲜等国。此觚以青铜铸造，颈部饰菱形云雷纹，腹部和足部以云雷纹为底纹，附有鳍状扉棱，扉棱两侧饰对称鸟、龙、心叶形和长方形等纹样。（江屿）

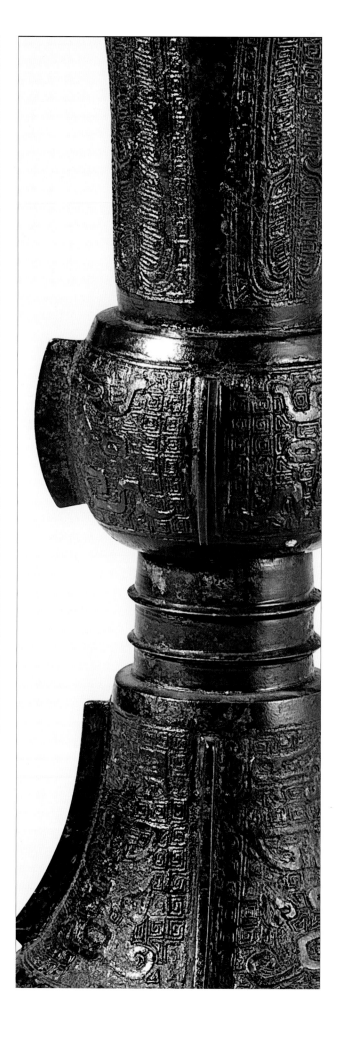

Sailing from the Great Yuan Dynasty
Relics Excavated from the Sinan Shipwreck

银觚
Silver *Gu* Vessel

高 10.2、口径 18.4 厘米

青铜贯耳瓶
Bronze Vase with Tubular Handles

高 19.9、口径 3.6、底径 5.7 厘米

贯耳瓶流行于宋代，器形为仿汉代投壶式样，直颈较长，腹部扁圆，圈足，颈部两侧对称贴管状贯耳。此瓶与福建省南平市窖藏出土的贯耳瓶造型相似。（江屿）

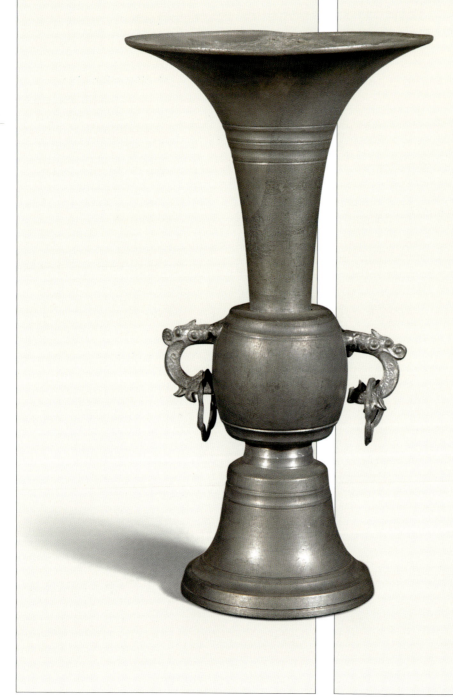

Sailing from the Great Yuan Dynasty
Relics Excavated from the Sinan Shipwreck

青铜锺

Bronze *Zhong* Vessel

高18.5、口径5、底径6.8厘米

仿古铜器，造型古朴，腹部置两铺首和套环，颈部饰蝉纹，下腹部饰云雷纹。（江屿）

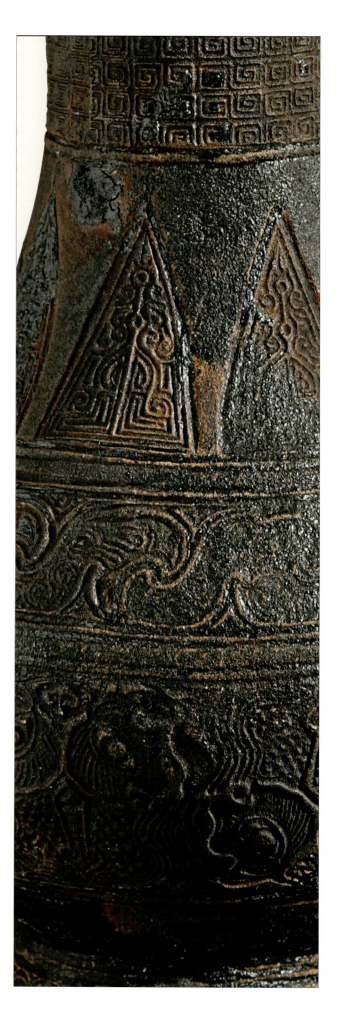

Sailing from the Great Yuan Dynasty
Relics Excavated from the Sinan Shipwreck

景德镇窑青白瓷竹节形插瓶
Bluish White Glazed Bamboo-cylinder Vase, Jingdezhen Kiln

高 6、直径 2.4 厘米

龙泉窑青瓷净瓶
Celadon Kundika, Longquan Kiln

高 47.7、口径 6.9、底径 11.1 厘米

综合国外各遗址所见，龙泉窑瓷器在元代中国外销瓷中数量最多、分布区域最广。密布于瓯江两岸的元龙泉窑窑址，借温州、庆元市舶司之利，运往亚洲、非洲、欧洲等许多国家。新安沉船出水瓷器中龙泉窑产品占了60%，由此可见一斑。（江屿）

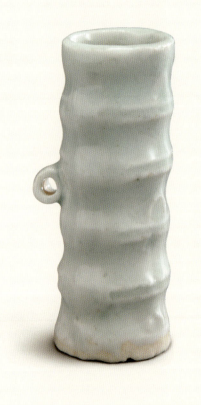

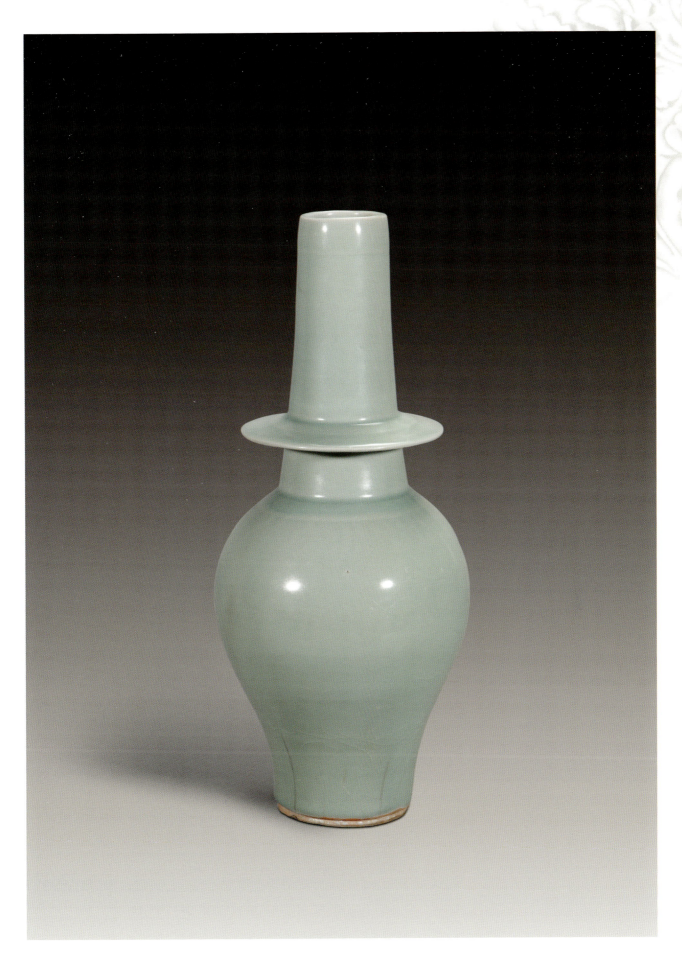

Sailing from the Great Yuan Dynasty
Relics Excavated from the Sinan Shipwreck

景德镇窑青白瓷双耳小瓶
Bluish White Glazed Bottle with Double Handles, Jingdezhen Kiln

高13、口径3.5、底径6.5厘米

供器大体有三供、五供之分，据《供养仪式》记载："凡所供养物，……其供养器皆用金银铜铁瓷等，余者悉不堪用。"五供即炉一、烛台二、花觚（瓶）二；三供即炉一、花瓶二。元代多用此式，并出现详细的供养铭文，伦敦"大维德瓶"即是例证。（江屿）

景德镇窑青白瓷带座鼎式炉
Bluish White Glazed Censer in Imitation of Archaic Bronze *Ding* with Stand, Jingdezhen Kiln

高10.2、口径4.2、底径6.2厘米

景德镇窑青白瓷莲纹双耳瓶
Bluish White Glazed Vase with Double Handles and Lotus Design, Jingdezhen Kiln

高14.3、口径2.8、底径6.9厘米

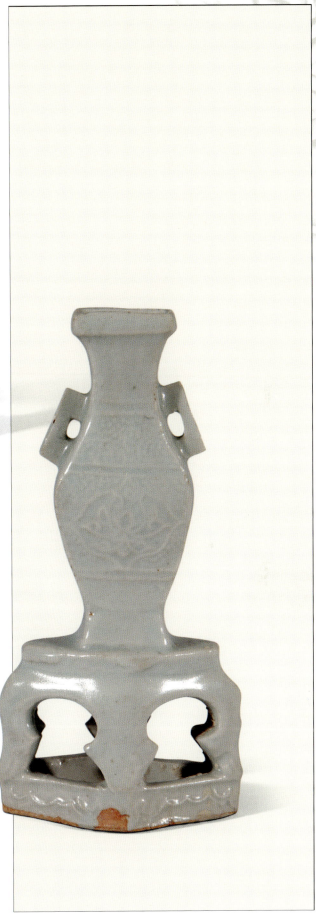

景德镇窑釉下褐彩双耳瓶

White Glazed Vase with Double Handles and Underglaze Brown Decoration, Jingdezhen Kiln

高13.8、口径3.9、底径7.2厘米

南宋晚期香炉、净瓶、花瓶等出现了连体的底座，元代开始大量烧制，成为元代瓷器的时代特征。

（江屿）

景德镇窑釉下褐彩双耳瓶

White Glazed Vase with Double Handles and Underglaze Brown Decoration, Jingdezhen Kiln

高13.5、口径3.6、底径7.2厘米

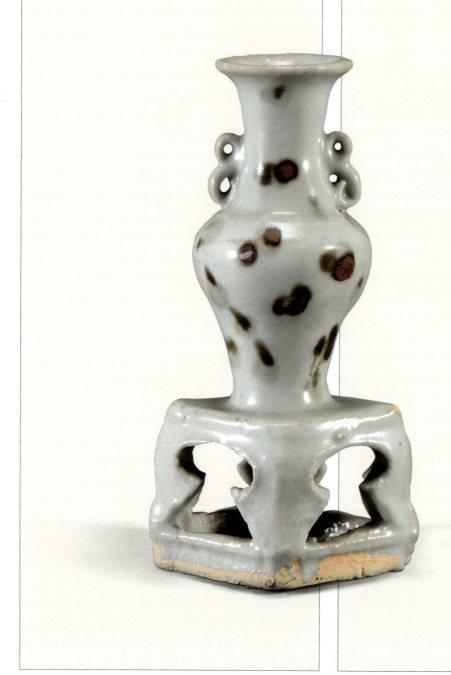

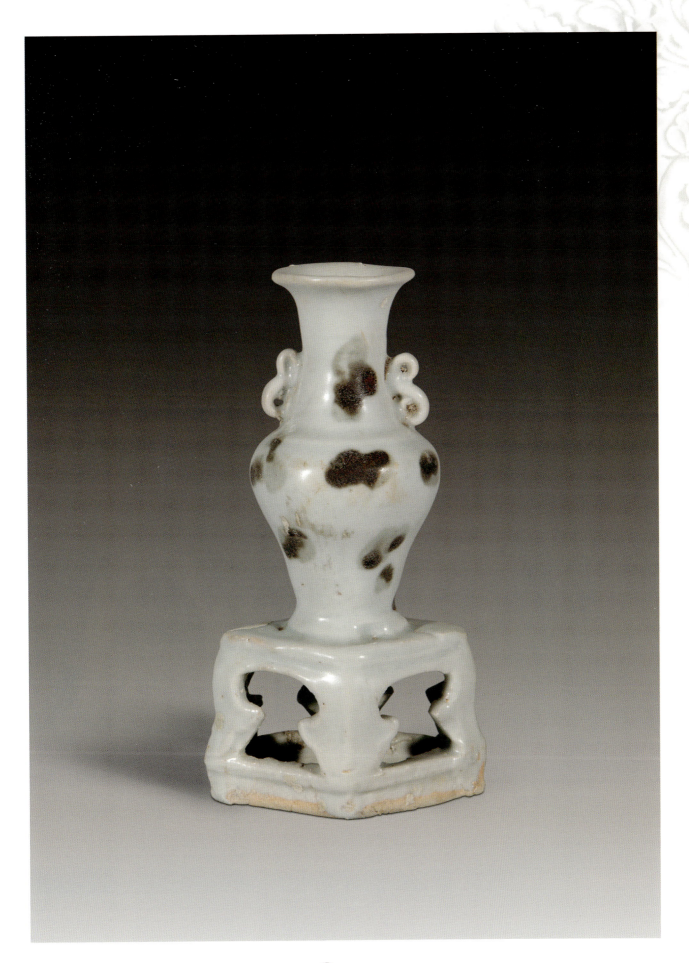

Sailing from the Great Yuan Dynasty
Relics Excavated from the Sinan Shipwreck

青铜鼎式炉
Bronze Censer in Imitation of Archaic Bronze *Ding*

高9.8、口径16.8厘米

平沿外折，口沿有索状双立耳，圜底，三个兽蹄形足。外腹部以蝉纹为底饰一周乳丁纹。（江屿）

漳州窑白瓷龙耳簋式炉
White Glazed Censer in Imitation of Archaic Bronze *Gui* with Dragon-shaped Handles, Zhangzhou Kiln

高8.3、口径14.1、底径9.4厘米

景德镇窑青白瓷莲纹簋式炉

Bluish White Glazed Censer in Imitation of Archaic Bronze *Gui* with Lotus Design, Jingdezhen Kiln

高 11.4、口径 9.8、底径 8.1 厘米

器形为仿青铜簋造型，宽唇，直颈，肩部有两上扬的官帽耳，肩部刻一周覆莲纹，腹部分六面，每面均以粟米纹为底，并印莲纹。（江屿）

龙泉窑青瓷夔龙衔环耳簋式炉

Celadon Censer in Imitation of Archaic Bronze *Gui* with Handles in *Kui*-Dragon Shape Holding Loose Rings, Longquan Kiln

高 8.3、口径 12.1、底径 9.2 厘米

新安沉船中的炉种类很多，包括簋式炉、鬲式炉、鼎式炉、奁式炉等，皆为仿古器形。这些形制各异的炉，在南宋时多已出现，元代继续烧造，在龙泉窑址、元大都遗址及元代墓葬中都是常见的器物。（江屿）

老虎洞窑青瓷鬲式炉

Celadon Censer in Imitation of Archaic Bronze *Li*, Laohudong Kiln

高6.9、口径8.4厘米

关于杭州老虎洞窑址元代地层的属性，学术界的观点还没有统一。新安沉船中发现的几件老虎洞元代层产品，或许能给学术界提供研究的例证。（江屿）

龙泉窑青瓷鬲式炉

Celadon Censer in Imitation of Archaic Bronze *Li*, Longquan Kiln

高8.2、口径9.7厘米

鬲式炉是南宋龙泉窑仿青铜礼器的常见器形，元代仍承宋代形制，唯颈、腹部较前稍有增高。（江屿）

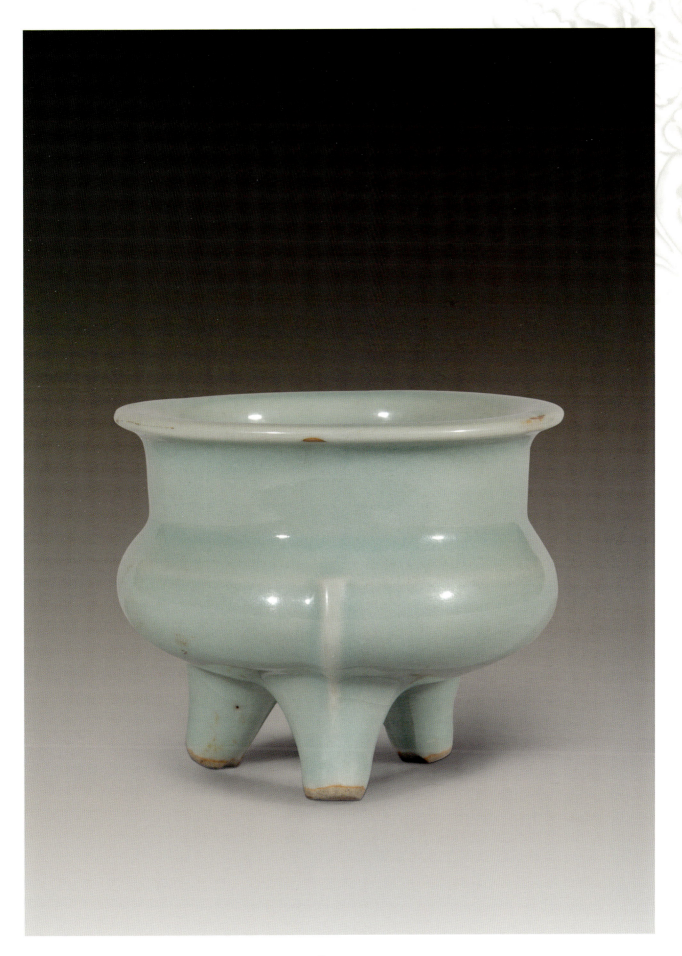

龙泉窑青瓷狮纽盖炉
**Celadon Lidded Censer
with Lion-Shaped Knob, Longquan Kiln**

炉体高16.5、口径10.2、
底径4.4、盖高5.8、盖径8.8厘米

整器与鬲式炉造型相似，但肩部有对称鋬状耳。
盖顶置一狮形纽，与下承的三兽形足相呼应，开
启的狮口恰好用来出烟，可谓构思奇巧。（江屿）

龙泉窑青瓷鼎式炉
**Celadon Censer in Imitation of Archaic
Bronze *Ding*, Longquan Kiln**

高16、口径21.5厘米

仿青铜器造型，端庄浑厚。肩部饰一周花瓣纹，
绳纹双耳。（江屿）

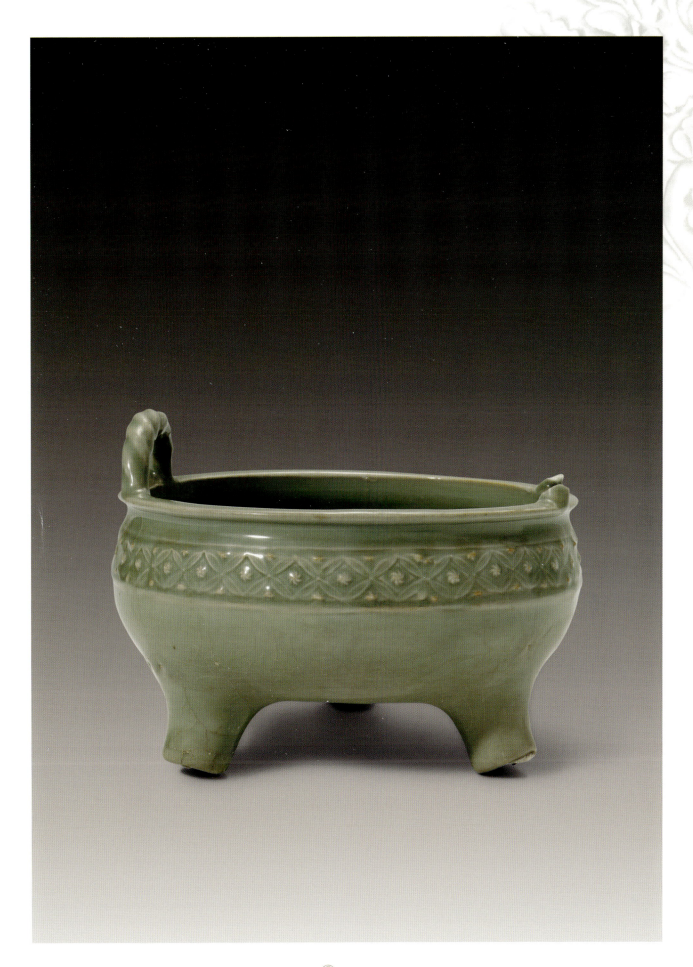

漳州窑白瓷鼎式炉

White Glazed Censer in Imitation
of Archaic Bronze *Ding*, Zhangzhou Kiln

高 13.2、口径 11.8 厘米

景德镇窑
青白瓷阴刻莲花纹鼎式炉

Bluish White Glazed Censer in Imitation
of Archaic Bronze *Ding* with Carved
Lotus Design, Jingdezhen Kiln

高 15.6、口径 12.7、底径 8.1 厘米

龙泉窑青瓷鼎式炉
Celadon Censer in Imitation of Archaic
Bronze *Ding*, Longquan Kiln
高 9、口径 12、底径 5.5 厘米

龙泉窑青瓷方形鼎式炉
Square Celadon Censer in Imitation
of Archaic Bronze *Ding*, Longquan Kiln
高 10.7、宽 7.6 厘米

大元帆影

韩国新安沉船出水文物精华

Sailing from the Great Yuan Dynasty
Relics Excavated from the Sinan Shipwreck

龙泉窑青瓷贴花鼎式炉

Celadon Censer in Imitation of Archaic Bronze *Ding* with Molded Flowers, Longquan Kiln

高5.4、口径15.3厘米

龙泉窑青瓷阳刻八卦纹奁式炉

Celadon *Lian*-Shaped Censer with Eight Diagrams Design Carved in Relief, Longquan Kiln

高9.7、口径13.5、底径6.2厘米

八卦纹是宋元时期龙泉青瓷典型的纹饰之一，以八组各不相同的短线符号组成代表《周易》中的乾、兑、离、震、巽、坎、艮、坤八种图形，象征天、地、雷、风、水、火、山、泽八种自然现象，后被视作代表吉祥的纹样。（江屿）

龙泉窑青瓷贴花牡丹纹奁式炉
Celadon *Lian*-Shaped Censer
with Molded Peony Design, Longquan Kiln

高6.7、口径13.3、底径4.2厘米

龙泉窑青瓷牡丹纹奁式炉
Celadon *Lian*-Shaped Censer
with Peony Design, Longquan Kiln

高14.9、口径21、底径8.5厘米

也称"樽式炉"，内折沿，平唇，直筒腹，平底，底部有兽蹄形三足，腹壁贴缠枝牡丹纹，纹饰简约流畅，系当时流行的纹样。（江屿）

龙泉窑青瓷贴花牡丹纹奁式炉
Celadon *Lian*-Shaped Censer
with Molded Peony Design, Longquan Kiln

高14.8、口径21、底径7.5厘米

龙泉窑青瓷贴花牡丹纹奁式炉
Celadon *Lian*-Shaped Censer
with Molded Peony Design, Longquan Kiln

高5.7、口径13.2、底径4厘米

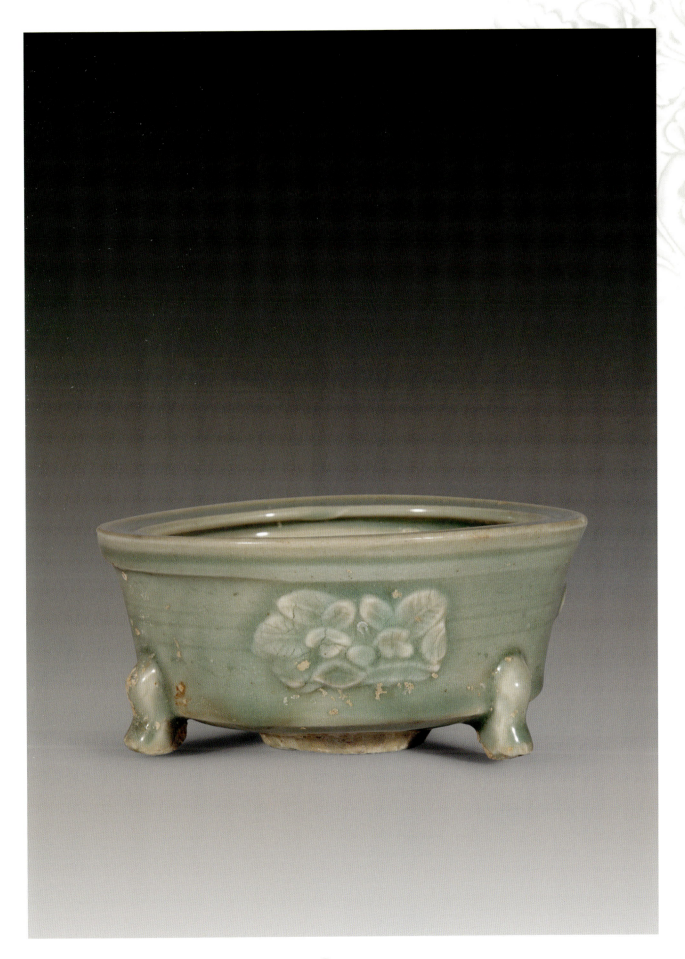

茶酒

唐代晚期，饮茶与饮茶习俗在中国已发展成熟，陆羽《茶经》的问世，把我国儒、道、佛的思想文化与饮茶过程融为一体，首创中国茶道精神。随着茶文化的东传，茶叶、茶具、制茶技术等也一起传到了日本和高丽，并衍生出日本茶道与韩国茶礼。而与茶酒相关的越窑与龙泉窑瓷器，随之大量销往日本、韩国及其他国家和地区。

景德镇窑青白瓷阴刻龙纹梅瓶

Bluish White Glazed *Meiping* Vase with Carved Dragon Design, Jingdezhen Kiln

高26.5、口径5、底径10.5厘米

梅瓶，宋时也称"经瓶"，为贮酒器，唐代邢窑见其雏形，宋辽时期较为流行，并出现许多新品种，各地瓷窑均有烧制。此件梅瓶器形硕大，肩部丰满，器身阴刻龙纹，通体施青白釉。（江屿）

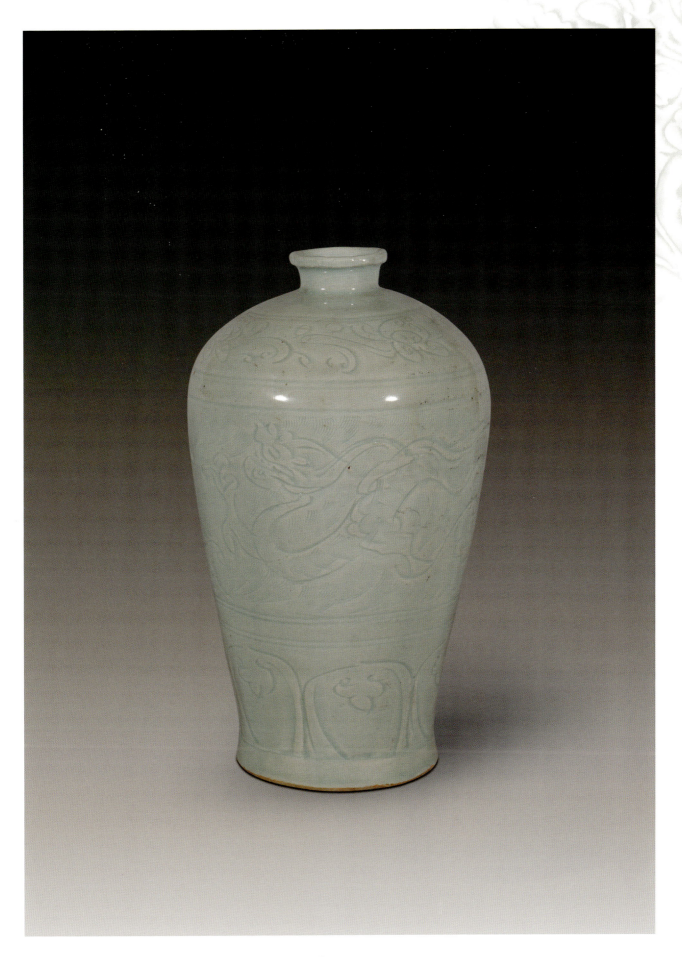

龙泉窑青瓷梅瓶

Celadon *Meiping* Vase, Longquan Kiln

高 18.6、口径 3.6、底径 6 厘米

小口、短颈、丰肩。近代许之衡《饮流斋说瓷》中有对梅瓶的描述："口径之小仅与梅之瘦骨相称，故名梅瓶也。"（江屿）

龙泉窑青瓷弦纹梅瓶

**Celadon *Meiping* Vase
with String Design, Longquan Kiln**

高 20、口径 3.5、底径 7.1 厘米

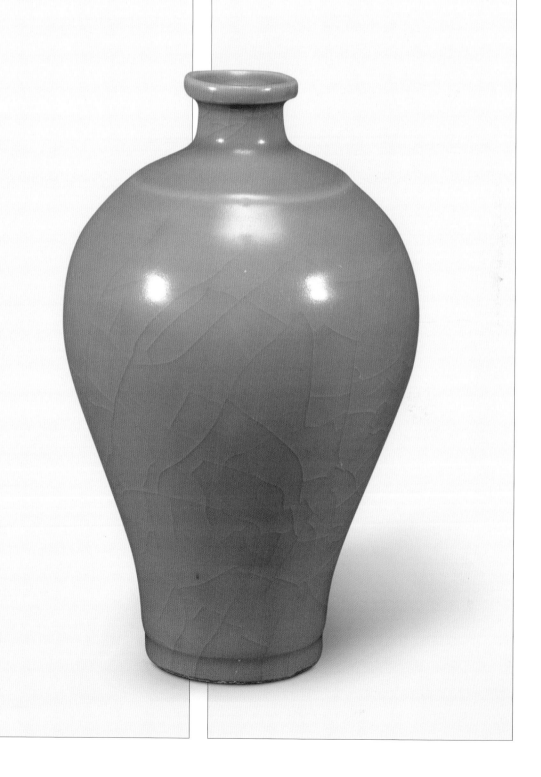

| **Sailing from the Great Yuan Dynasty**
Relics Excavated from the Sinan Shipwreck

景德镇窑青白瓷玉壶春瓶

Bluish White Glazed Pear-Shaped Vase, Jingdezhen Kiln

高22、口径6.4、底径7.2厘米

玉壶春瓶为宋代典型器物，宋以后历代各地窑厂均有烧造。它的造型由唐代寺院中的净水瓶演变而来。基本形制为撇口、细颈、垂腹、圈足，形制典雅，线条柔美。（江屿）

龙泉窑青瓷玉壶春瓶

Celadon Pear-Shaped Vase, Longquan Kiln

高33.3、口径9、底径8.4厘米

Sailing from the Great Yuan Dynasty
Relics Excavated from the Sinan Shipwreck

铜箸
Copper Chopsticks

长 19.1 厘米

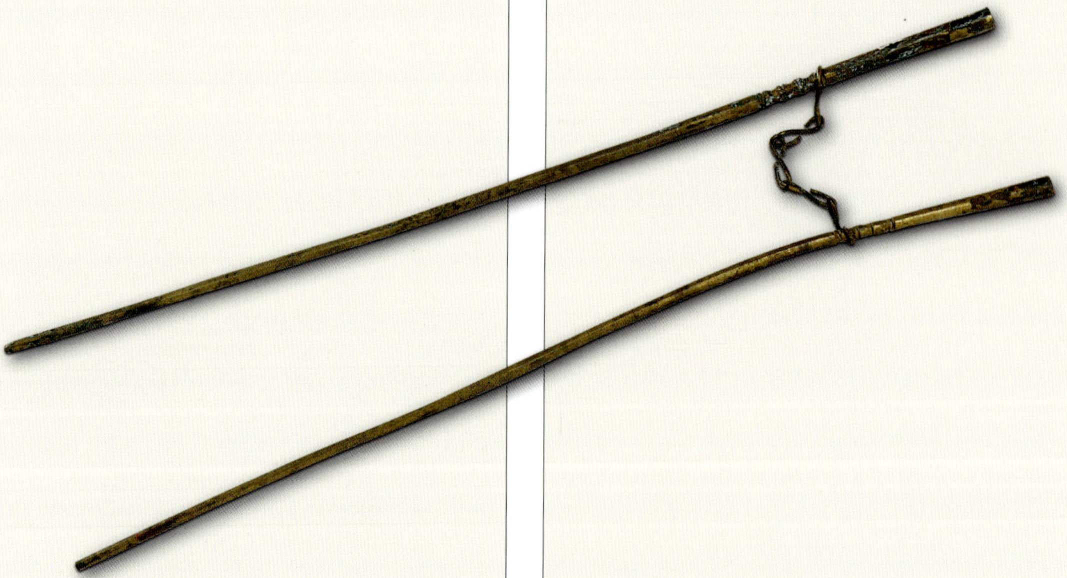

龙泉窑青瓷研磨棒
Celadon Pestle, Longquan Kiln

长 14.3、底径 5 厘米

龙泉窑青瓷研钵
Celadon Mortar, Longquan Kiln

高 6.5、口径 15.1、底径 5.3 厘米

研磨用器，外壁饰莲纹，内壁涩胎，方便将茶饼等研成粉末状。（江屿）

建窑黑釉盏
Black Glazed Cup, Jian Kiln

高6、口径11、底径3.7厘米

宋代斗茶之风大盛，为便于观察茶面汤花的色泽，特别崇尚黑釉茶盏。宋徽宗赵佶在《大观茶论》中提到："盏色贵青黑，玉毫条达者为上。"（江屿）

石磨
Stone Mill

高12.2、底径12厘米

唐代为适应煎茶的需要，有茶磨、茶碾、茶罗、风炉、竹、则、瓢、茶碗、水方、涤方等多种用具。陆羽《茶经》中记录煎茶茶具为二十四式，质地有金属、瓷、陶、竹、木等。（江屿）

Sailing from the Great Yuan Dynasty
Relics Excavated from the Sinan Shipwreck

景德镇窑白瓷注子
White Glazed Ewer, Jingdezhen Kiln
高 9.7、口径 2.5、底径 5.3厘米

龙泉窑青瓷褐斑匜

Celadon *Yi* Vessel with Brown Mottles, Longquan Kiln

高 5.4、口径 16、底径 9.5 厘米

匜应为古代盛酒的器具，参见山西蒲耳洞张氏墓壁画，一件带云形小系的匜，与玉壶春、台盏等酒器组合使用，匜或是从玉壶春倒酒至匜，以匜斟酒到杯盏中的中介性酒器。（江屿）

龙泉窑青瓷盏托

Celadon Cupstand, Longquan Kiln

高8、口径9.4、底径8.2厘米

盏托即为置茶盏的托盘，瓷盏托始见于东晋，南北朝时开始流行，唐以后随着饮茶之风盛行而广泛使用。唐代盏托口一般较矮，有的口沿卷曲作荷叶状，宋辽时期盏托几乎成了茶盏固定的附件，脱口较高，中间呈空心盏状。（江屿）

景德镇窑青白瓷凤纹注子
Bluish White Glazed Ewer with Phoenix Design, Jingdezhen Kiln

高24.5、口径5.6、底径8.5厘米

注子为古代盛酒具，出现于唐代，盛行于宋元。这件注子以玉壶春瓶为壶，壶上有盖，流贴于腹上，高度与壶口平行。流与颈间饰以S形装饰。

（江屿）

景德镇窑青白瓷葫芦形注子
Bluish White Glazed Double-Gourd Shaped Ewer, Jingdezhen Kiln

高 13.3、口径 2.1、底径 5.3厘米

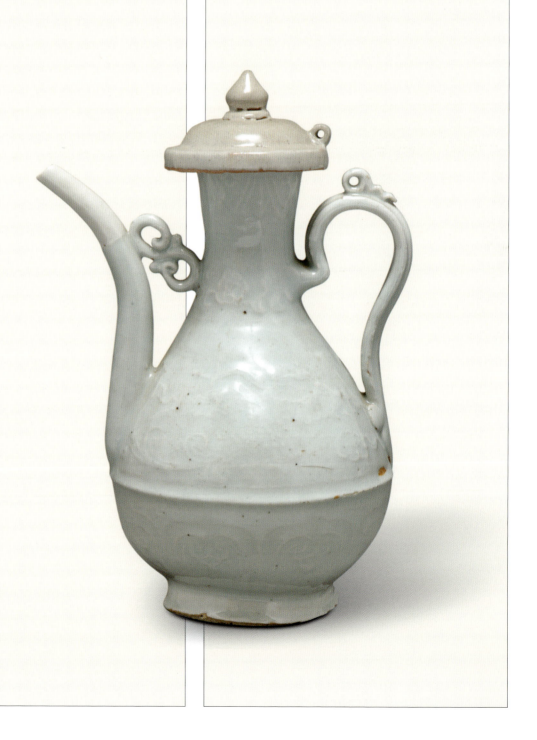

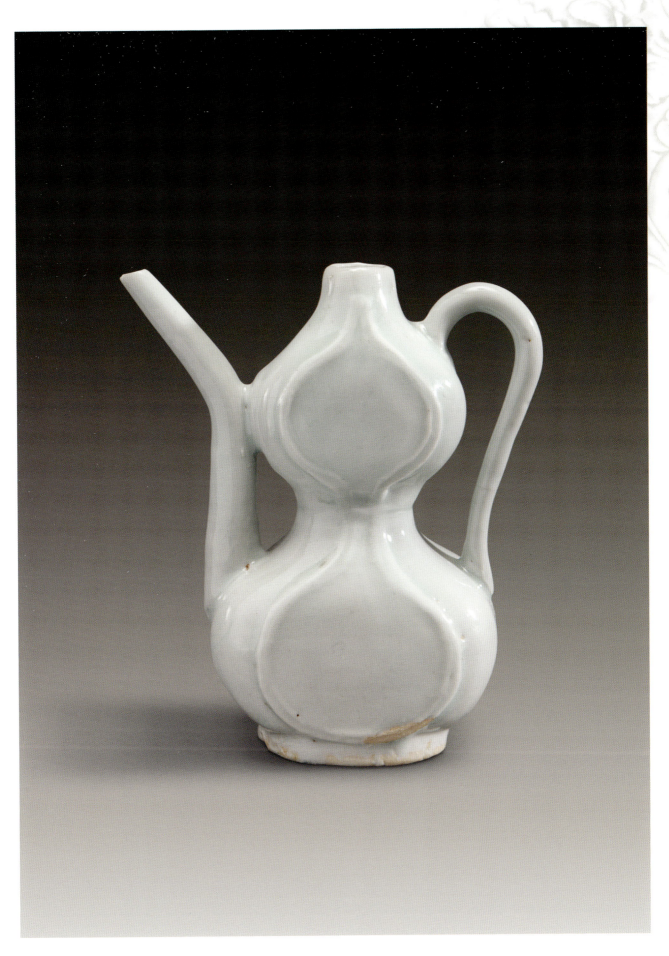

景德镇窑青白瓷葫芦形注子
Bluish White Glazed Double-Gourd Shaped Ewer, Jingdezhen Kiln

高 12、口径 2.4、底径 5.3 厘米

宋元时期注子的形式多种多样，葫芦形注子为创新产品，主要见于定窑、耀州窑、龙泉窑及景德镇窑。（江屿）

福建窑场青瓷多棱形注子
Celadon Ewer with Ridges, Kilns in Fujian Province

高 9.1、口径 3.8、底径 7.5 厘米

瓜棱形器本为金银器常见形制，受同时期金银器式样的影响，宋元时期也出现了许多瓜棱形瓷器，其中以瓜棱形注子最为多见，造型富于变化。（江屿）

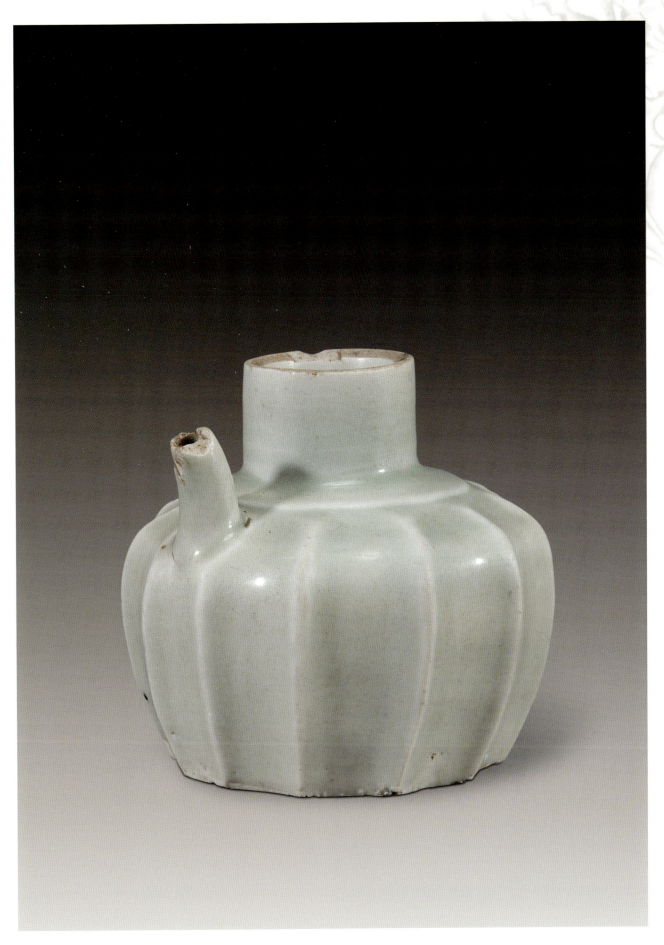

龙泉窑青瓷莲纹注子

Celadon Ewer with Lotus Design, Longquan Kiln

高6.1、口径2.5、底径4厘米

龙泉窑青瓷瓜形注子

Celadon Melon-Shaped Ewer, Longquan Kiln

高6.3、口径3、底径5.9厘米

器呈扁圆瓜形，器顶为瓜蒂形盖，器身一侧有短流，对侧置把。通体施青釉。整体构思巧妙，独具匠心，为象生瓷的典型代表。（江屿）

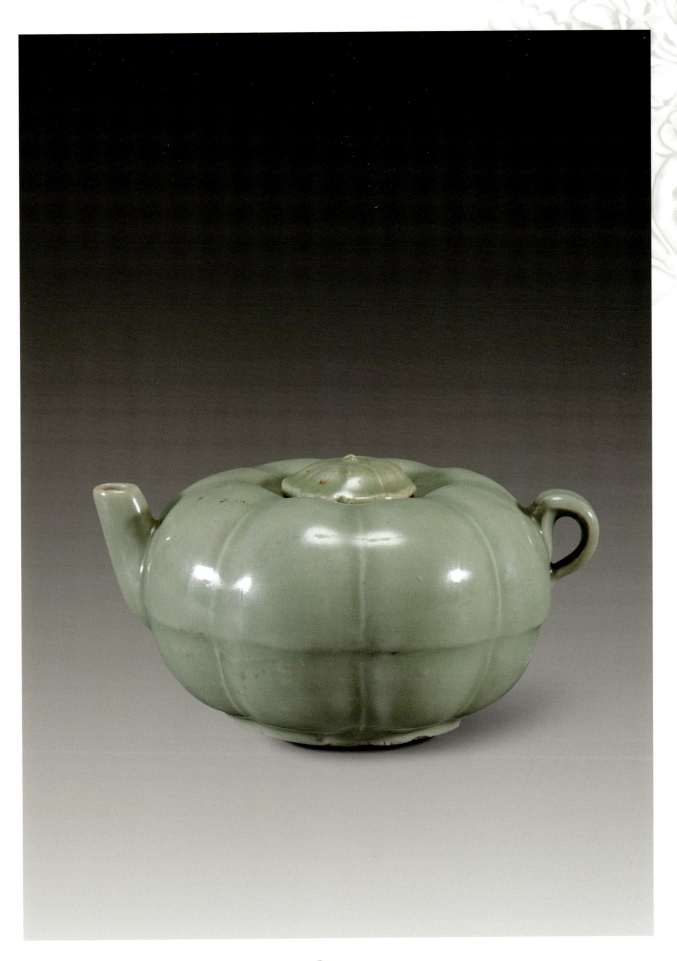

Sailing from the Great Yuan Dynasty
Relics Excavated from the Sinan Shipwreck

龙泉窑青瓷云龙纹注子

Celadon Ewer With Cloud and Dragon
Design Carved in Relief, Longquan Kiln

高9.9、口径3.8、底径6.3厘米

德化窑黑褐釉莲纹注子

Dark Brown Glazed Ewer with Impressed
Lotus Petal Design, Dehua Kiln

高8.7、口径6.5、底径6.2厘米

大元帆影

韩国新安沉船出水文物精华

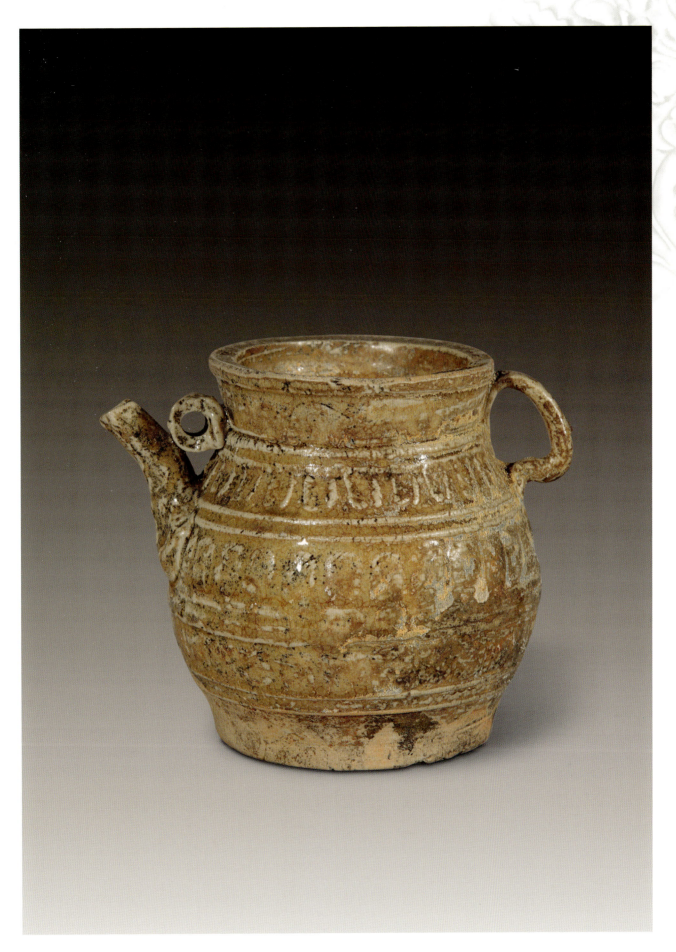

景德镇窑白瓷花草纹高足杯
White Glazed Stem Cup with Flower and Plant Design, Jingdezhen Kiln

高 10.7、口径 13.4、底径 4.1 厘米

游牧民族常用的一种酒杯，亦称"马上杯"，上为碗形，下承喇叭状高足，盛行于元代。（江屿）

龙泉窑青瓷阴刻莲纹高足杯
Celadon Stem Cup with Carved Lotus Design, Longquan Kiln

高 8、口径 7.8、底径 3.5 厘米

景德镇窑青白瓷折枝桃纹盘

Bluish White Glazed Dish with Peach
Branch Design, Jingdezhen Kiln

高1.1、口径16.3、底径14.4厘米

景德镇窑青白瓷花口高足杯

Bluish White Glazed Stem Cup with Flower-Shaped Mouth, Jingdezhen Kiln

高 9.4、口径 8、底径 3.2厘米

杯口呈花瓣状，高足微外撇，通体施白釉。造型
仿金银器中花瓣形高足杯，精致细巧，釉色洁白，
釉质光润。（江屿）

龙泉窑青瓷花口盏
Celadon Cup with Flower-Shaped Mouth, Longquan Kiln

高5、口径12、底径3.7厘米

景德镇窑白瓷铁绘梅纹盏
White Glazed Cup with Iron-Brown Prunus Design, Jingdezhen Kiln

高4.8、口径7.7、底径3.4厘米

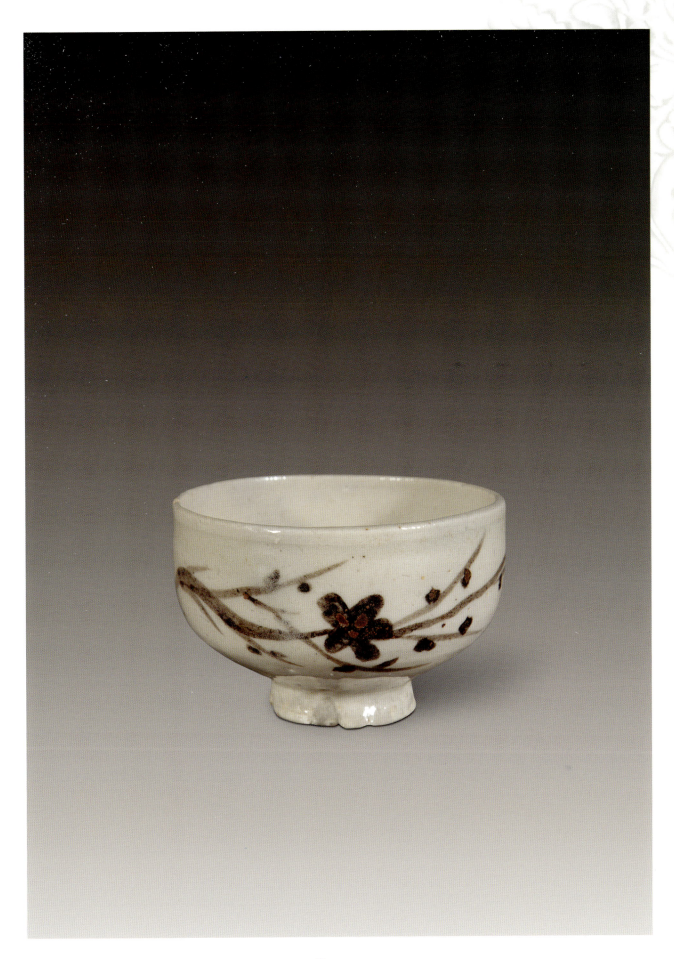

龙泉窑青瓷花口盏
Celadon Cup with Flower-Shaped Mouth,
Longquan Kiln

高4.5、口径8.5、底径2.9厘米

龙泉窑青瓷盏
Celadon Cup, Longquan Kiln

高5.6、口径10.3、底径3.2厘米

磁州窑系黑釉盏
Black Glazed Bowl, Cizhou Kiln Style

高6.3、口径15.4、底径6.1厘米

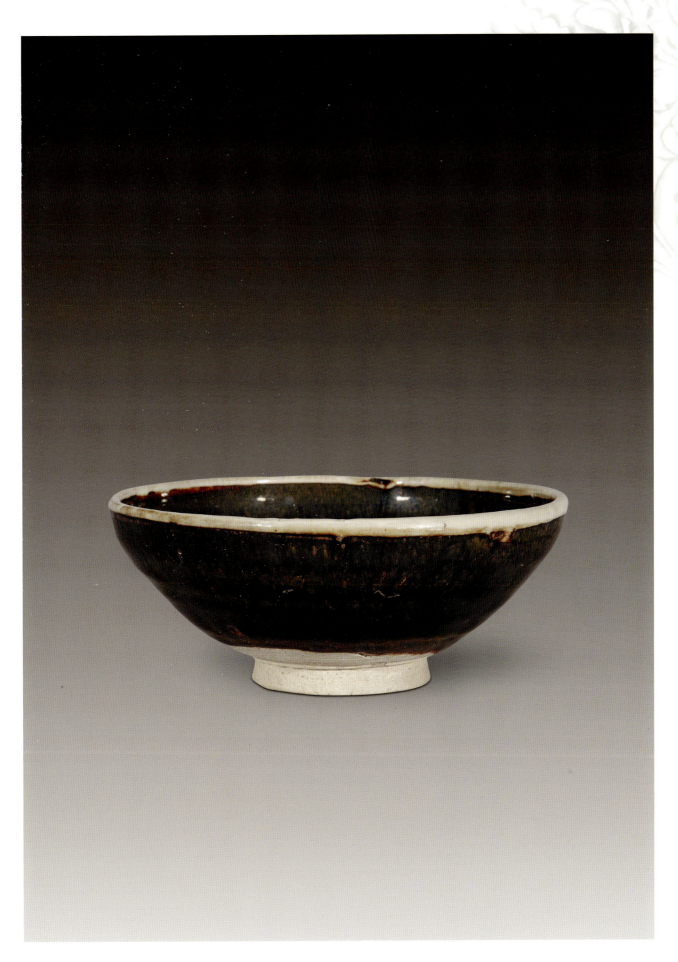

建窑黑釉盏
Black Glazed Bowl, Jian Kiln

高7.4、口径12.4、底径4厘米

黑釉盏
Black glazed cup

高5、口径8.8、底径5.3厘米

德化窑黑釉盏
Black Glazed Cup, Dehua Kiln

高5.4、口径13.2、底径5.5厘米

文艺

在古代东亚地区，中国、高丽、日本、越南各国之间，虽然民族语言不同，但记述官方文献的语言均为文言汉语，而且书写汉字的工具也同为笔、墨、纸、砚。正是在此基础上，日本、高丽和越南的书法、绘画艺术也和中国有极大的共性，且互有影响。如日本画僧雪舟，汲取明代院画和浙派画风，成为日本"汉画"最重要的代表。朝鲜李氏王朝，同样深受中国水墨画风影响，画家姜希颜，借鉴明代浙派画风确立了独具特色的真景山水画图式。

金属制版
Metal Printing Plate

长27、宽 16.5厘米

石砚
Ink Stone

高2.2、长15.2、宽10.1厘米

文房用具类器，诸如砚台、印章、镇纸、笔架、水注等，也是新安船货中的大类之一，沉船中还发现有多件画轴的木杆，说明当时船货中还有中国的书画。（王轶凌）

八角石砚
Octagonal Ink Stone

高4.1、径14.7厘米

木质龙纹印
Wooden Dragon Seal

高 3.7、直径 3.5 厘米

兽形镇纸
Animal-Shaped Paper Weight

高 6、长 3.9、宽 3.8 厘米

镇纸，又称"书镇"，用以镇压纸张、书籍的文房
用具，多以铜、玉、石、水晶或陶瓷等制成。镇
纸形制各异，体现了主人的不同雅好。（王轶凌）

青铜蛟龙笔架
Bronze Brush Support in Dragon Shape

高 6.4、长 18.7 厘米

笔架，亦称笔格，是书写或作画间隙放置湿笔的
文房用具。形作两条相对的蛟龙，缠绕一体，制
作精细。（王轶凌）

景德镇窑白瓷童子饰件

**White Glazed Decorative Object
with Children at Play, Jingdezhen Kiln**

高 8.7、底径 5.2 厘米

龙泉窑青瓷鱼形砚滴

**Celadon Fish-Shaped Water Dropper,
Longquan Kiln**

高 6、长 12.3 厘米

砚滴为注水入砚的用具，也称水滴、水注。鱼形砚滴，为一条跳跃的鲤鱼，口为滴，背部有一注水小孔。造型别致，既可文房实用，又可陈设把玩。（王轶凌）

景德镇窑青白瓷牧牛童子砚滴

Bluish White Glazed Water Dropper in Shape of An Ox Herded by A Kid, Jingdezhen Kiln

高6、长9厘米

宋元时期流行牧牛童子砚滴,与同期以牧童为题材的绘画一致。浙江泰顺元代窖藏中有龙泉窑粉青釉牧牛童子砚滴,新安沉船遗物中有白瓷、青白瓷牧牛童子砚滴,造型大体相同。(王轶凌)

景德镇窑釉下褐彩牧牛童子砚滴

Water Dropper in Shape of An Ox Herded by A Kid with Underglaze Brown Decoration, Jingdezhen Kiln

高 5.7、长 9 厘米

景德镇窑青白瓷牧牛童子砚滴

Bluish White Glazed Water Dropper in Shape of An Ox Herded by A Kid, Jingdezhen Kiln

高 6.5、底径 7.8厘米

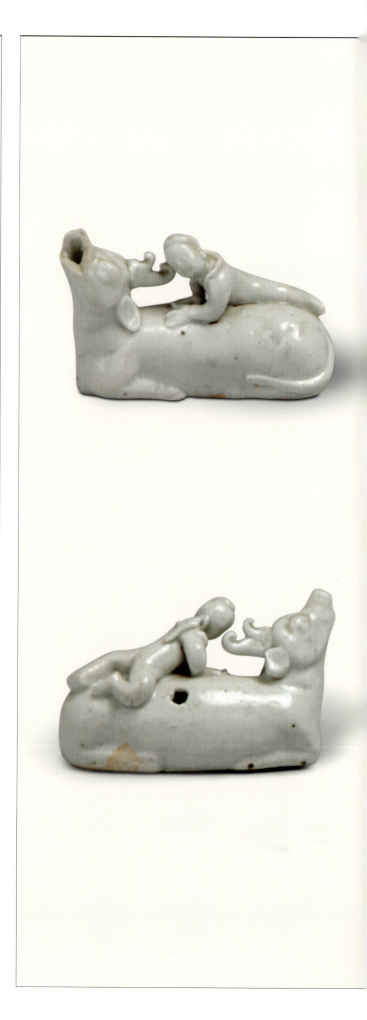

景德镇窑白瓷凤形砚滴
White Glazed Water Dropper
in Phoenix Shape, Jingdezhen Kiln

高10.7、长13厘米

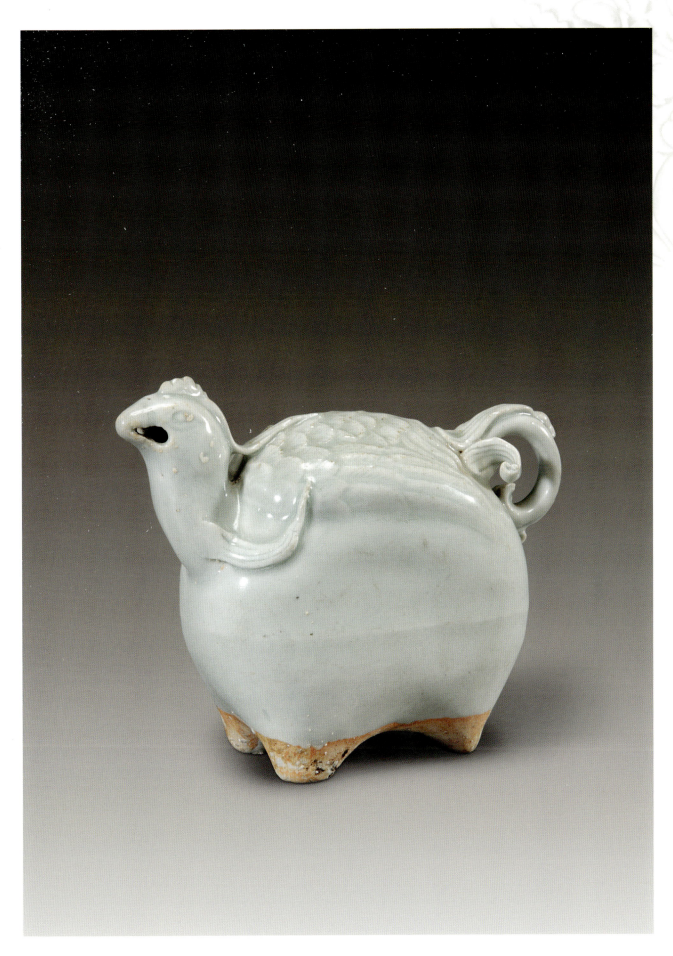

龙泉窑青瓷人物形砚滴

Celadon Human-Shaped Water Dropper,
Longquan Kiln

高7.4、底径5厘米

龙泉窑砚滴在元代常见，造型别致，有舟形、鱼形、人物形、牧牛童子形等。（王轶凌）

景德镇窑青白瓷蟠龙纹贯耳瓶

Bluish White Glazed Vase with Tubular Handles and Coiling Dragon Design, Jingdezhen Kiln

高17.4、口径6.2、底径6.3厘米

器形仿照古代青铜器中壶的式样，耳呈圆管状，俗称"贯耳"。器形古朴端庄，为南宋器形的延续。（王轶凌）

龙泉窑青瓷镂刻莲纹瓶

Celadon Vase with Lotus Design in Openwork, Longquan Kiln

高18.8、口径7.7、底径4.6厘米

元代龙泉窑的装饰技法多样，有刻划、模印、堆塑、贴花、点彩、露胎、镂空等。这件莲纹瓶运用镂空装饰，技法娴熟，给人以巧夺天工之感，反映出当时窑工高超的技能。（王轶凌）

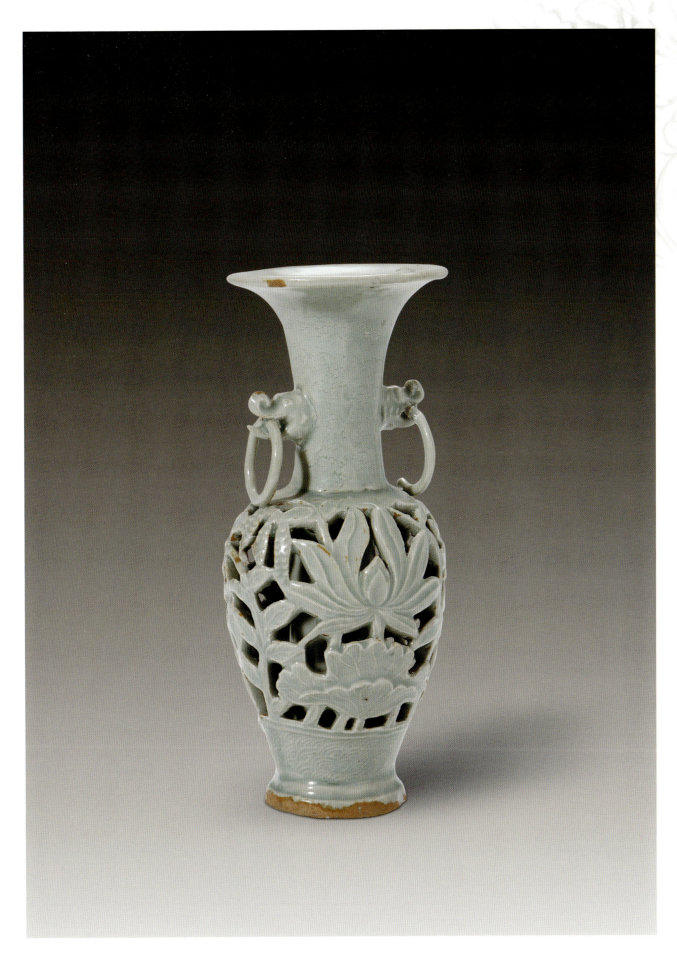

龙泉窑青瓷花草纹双耳瓶

Celadon Vase with Double Handles and Flower and Plant Design, Longquan Kiln

高20、口径5.4、底径6.8厘米

龙泉窑青瓷牡丹纹瓶

Celadon Vase with Peony Design, Longquan Kiln

高45、口径20.2、底径12.9厘米

元代龙泉窑的大宗产品之一，收藏于英国大维德基金会的牡丹纹瓶，瓶口内沿刻一圈楷书铭记"括苍剑川琉山蒿山社，居奉三宝弟子张进成，烧造大花瓶一双，入觉林院大法堂佛前永充供养，祈福保安，家门吉庆泰定四年丁卯岁仲秋吉日谨题"。说明此类牡丹纹瓶是龙泉窑元代中晚期产品。（王轶凌）

龙泉窑青瓷牡丹纹瓶

Celadon Vase with Peony Design,
Longquan Kiln

高 44.3、口径 19.8、底径 12.8 厘米

龙泉窑青瓷尊式瓶

Celadon Vase in Imitation of Archaic
Bronze *Zun*, Longquan Kiln

高 17.4、口径 12.2、底径 6.5 厘米

以古代礼器中的玉器和青铜器作为模本，尊式瓶的形状由商周青铜尊演变而来，造型古朴典雅。

（王轶凌）

龙泉窑青瓷牡丹纹鱼龙双耳瓶

Celadon Vase with Handles in Shape of Fish Dragon and Lotus and Peony Design, Longquan Kiln

高26、口径8.6、底径7.7厘米

釉下贴牡丹在南宋至元代的龙泉窑青瓷中比较常见。牡丹象征华丽富贵，是这一时期常用的纹饰题材。（王轶凌）

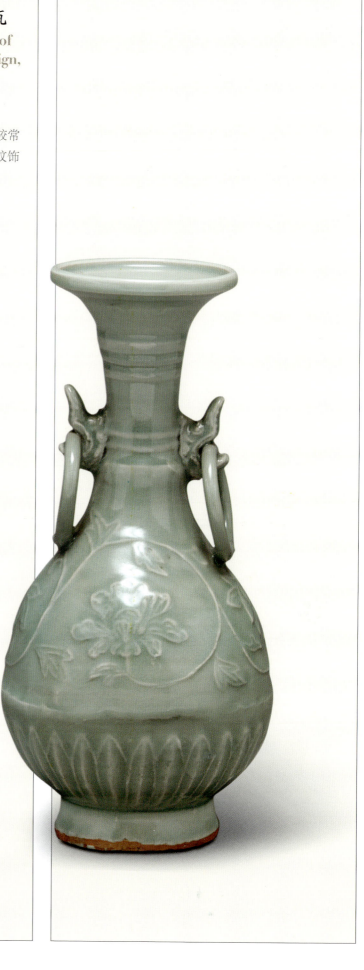

青铜蒜头瓶
Bronze Garlic-Head Vase

高 23.5、口径 2.5、底径 7.1 厘米

此器口部为蒜头形，长颈、鼓腹，颈腹部饰一周
蝉纹，上腹部以云雷纹为底，上饰蟠螭纹，下腹
部在龟甲纹底上饰圆涡纹，圈足部以云雷纹和神
兽纹组合装饰，底铭"子子孙孙永宝用之"。

（王轶凌）

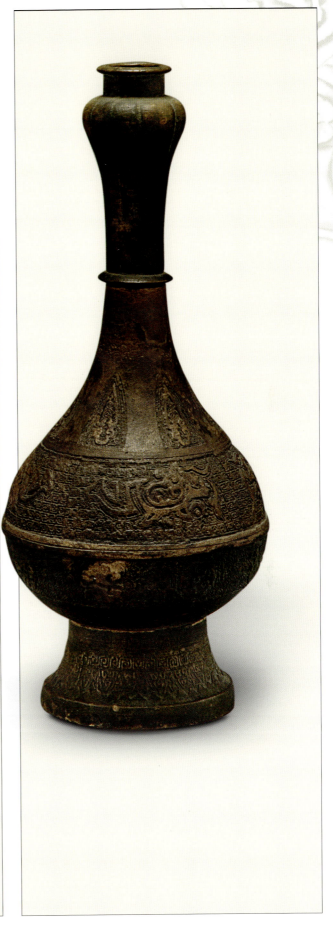

龙泉窑青瓷牡丹纹蒜头瓶

Celadon Garlic-Head Vase with Peony Design, Longquan Kiln

高14.2、口径2.5、底径5.3厘米

以口似蒜头而得名，其形源于汉以前的蒜头形壶。元代龙泉窑产品中出现不少仿生瓷，如蒜头瓶、葫芦瓶、瓜式杯、南瓜小壶等。（王轶凌）

龙泉窑青瓷凤耳瓶

Celadon Vase with Phoenix-Shaped Handles, Longquan Kiln

高15.7、口径6.2、底径6.7厘米

凤耳瓶和鱼龙耳瓶是龙泉窑青瓷特有的品种，从宋代至元代均有烧造，以南宋时期在造型和釉色上最为精美。（王轶凌）

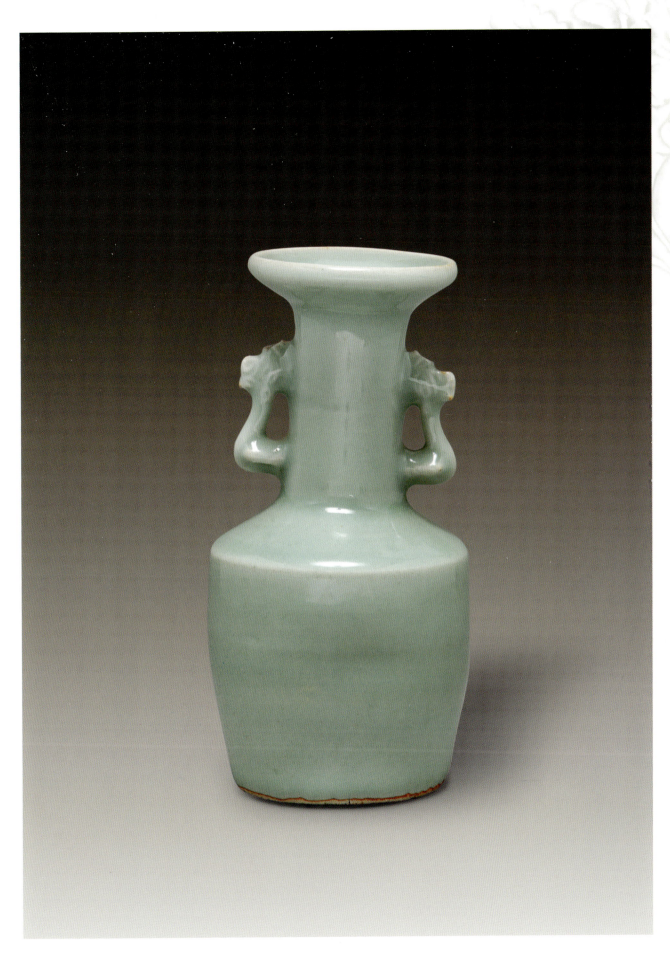

龙泉窑青瓷鱼龙耳瓶

Celadon Vase with Handles in Shape of Fish Dragon, Longquan Kiln

高25、口径9.6、底径9厘米

龙泉窑青瓷瓶

Celadon Vase, Longquan Kiln

高27.2、口径10.5、底径9.2厘米

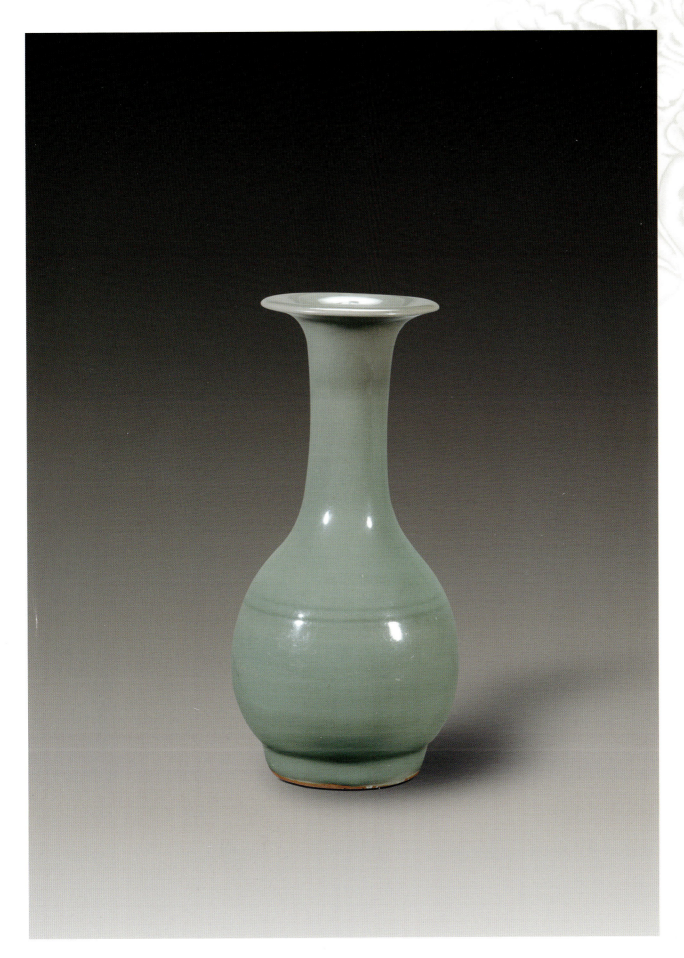

铁店窑乳浊釉瓶
Opaque Glazed Vase, Tiedian Kiln

高22.4、口径11.7、底径7.3厘米

新安沉船出水金华铁店窑乳浊釉瓷共155件，有花盆、注子、三足炉、各式瓶、豆、碗、盘、盂等，为全面认识与研究铁店窑提供了新的视角。

（王轶凌）

龙泉窑青瓷瓶
Celadon Vase, Longquan Kiln

高24.2、口径6.6、底径9.3厘米

景德镇窑白瓷梅花纹双耳瓶

White Glazed Vase with Double Handles
and Prunus Design, Jingdezhen Kiln

高20.2、口径4.2、底径7.1厘米

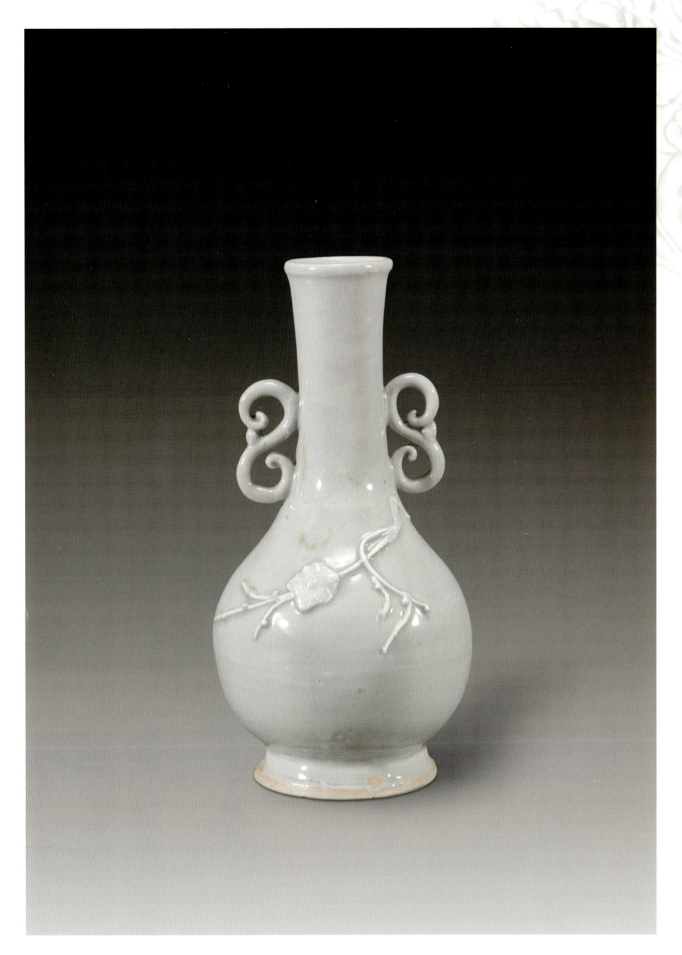

龙泉窑青瓷长颈瓶
Celadon Vase with Long Neck, Longquan Kiln

高 30.2、口径 10.7、底径 11.2厘米

此瓶是南宋至元代龙泉窑一直烧制的品种，与四川遂宁金鱼村窖藏中出土的同类器形制相同。（王轶凌）

龙泉窑青瓷五管瓶
Celadon Vase with Five Small Mouths, Longquan Kiln

高 12.2、口径 4.7、底径 6.2厘米

五管与腹部相通，腹部刻划莲瓣纹，中脊凸起，富有立体感，如一朵盛开的莲花。（王轶凌）

景德镇窑青白瓷莲纹双耳瓶

Bluish White Glazed Vase with Double Handles and Lotus Design, Jingdezhen Kiln

高31、口径7、底径11.2厘米

青白瓷是一种胎薄质坚、釉色青中泛白或白中闪青、具有天然青白玉效果的瓷器。在宋元时期行销海内外，深受人们喜爱。（王轶凌）

龙泉窑青瓷三足洗
Celadon Tripod Washer, Longquan Kiln

高 5.3、口径 22.9、底径 12.1厘米

龙泉窑青瓷乳钉纹三足炉
Celadon Tripod Censer with
Nipple-Shaped Design, Longquan Kiln

高6.8、口径20.1、底径6.5厘米

Sailing from the Great Yuan Dynasty
Relics Excavated from the Sinan Shipwreck

龙泉窑青瓷铺首三足炉

Celadon Tripod Censer with Animal-Mask
Design, Longquan Kiln

高 7.4、口径 21.3、底径 9厘米

龙泉窑青瓷花卉纹六角盆

Celadon Hexagonal Pot with Floral Design,
Longquan Kiln

高7.2、口径11.3、底径6.1厘米

元代龙泉窑青瓷中常见两类花盆，一为渣斗式花盆，敞口，外沿饰荷叶边，下腹弧收，大圈足，底有圆孔。另一类为六棱形盆，是元代龙泉窑新出现的品种。（王轶凌）

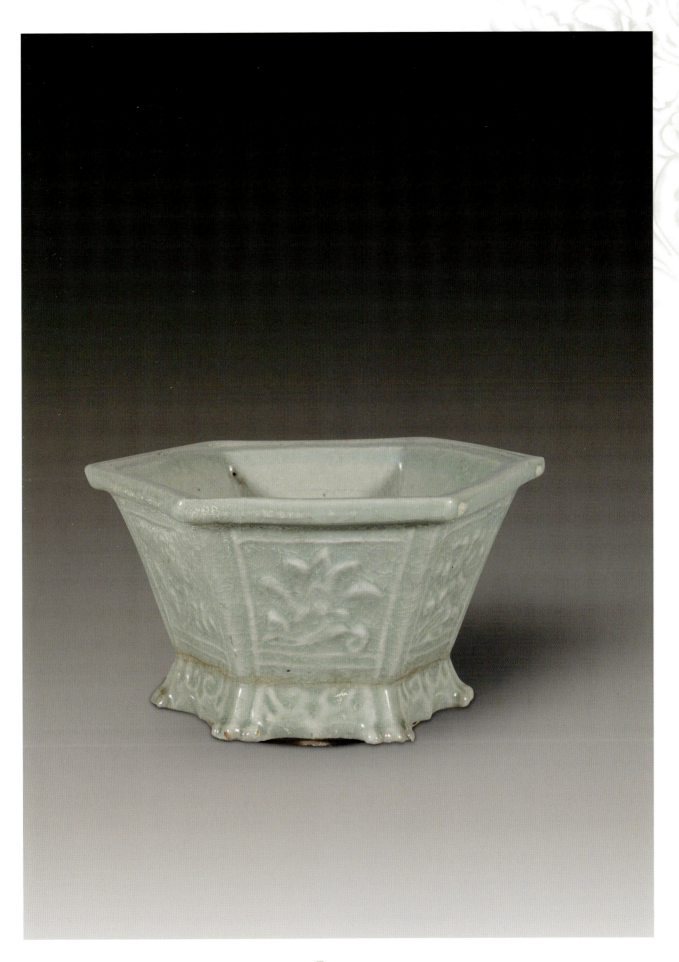

龙泉窑青瓷盆
Celadon Pot, Longquan Kiln
高 17.9、口径 23.8、底径 9 厘米

龙泉窑青瓷盆
Celadon Pot, Longquan Kiln
高 18.4、口径 23.8、底径 8.9 厘米

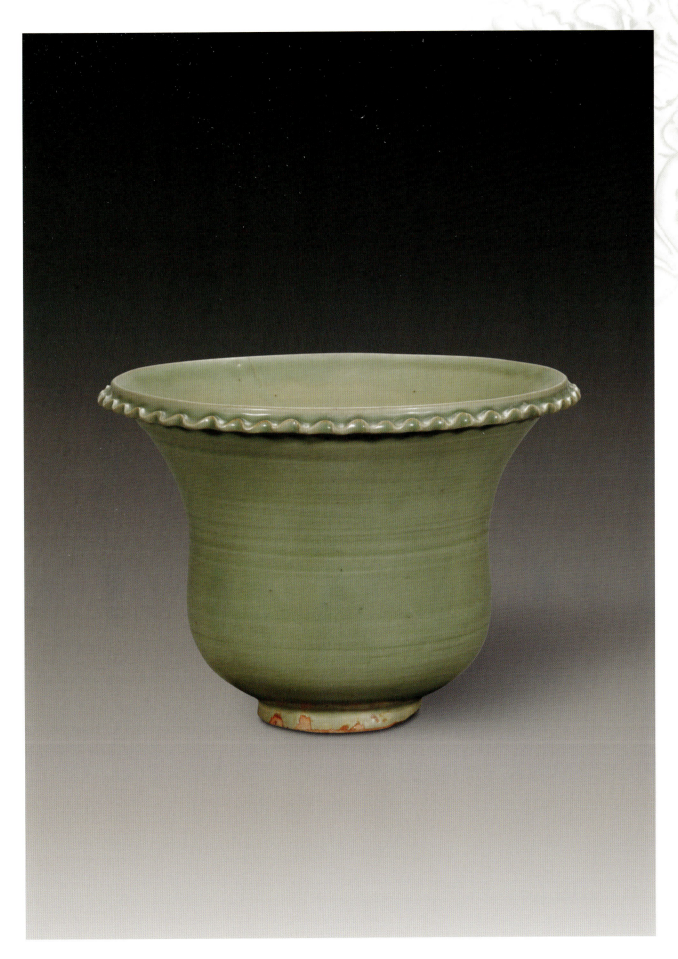

龙泉窑青瓷女人像
Celadon Female Statue, Longquan Kiln

高17.9、底径5.5厘米

南宋至元代的龙泉窑出现了较多的人物塑像，人物面部与手足部多用涩胎以近似肤色。（王轶凌）

生活

中国、日本、韩国在日常生活、礼仪习俗方面的交流与影响十分广泛，通过各种渠道与方式，植根于日本和韩国社会的各个层面。至今，在日本、韩国民众衣食住行等生活方面，还处处可以感受到中国古代习俗的烙印，包括一些在中国本土已失传或罕见的古风遗存，却在日本和韩国民众生活中被完整地保留了下来。

青铜镜
Bronze Mirror

边长17.6厘米

新安沉船共出水20件铜镜，学者考证为日本制造。中国的制镜技术早在六朝时期传到日本，日本的三角缘神兽镜被认为是吴地工匠东渡后在日本制作的。（王轶凌）

青铜镜
Bronze Mirror

铜衡盘
Copper Steelyard Pan

高0.7、直径9厘米

大元帆影

韩国新安沉船出水文物精华

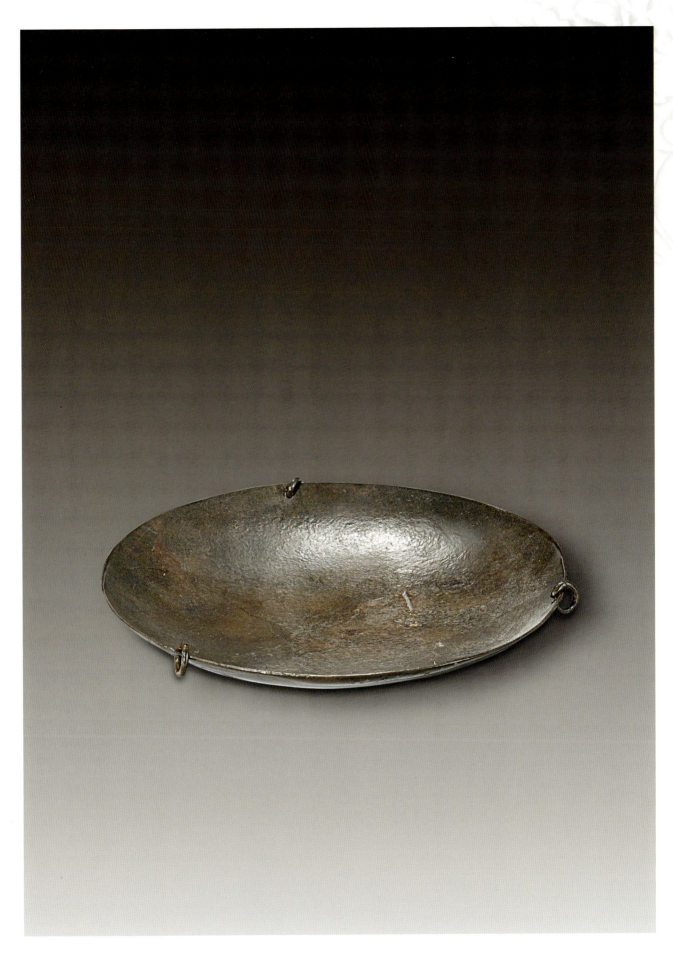

银灯盏
Silver Lamp Oil Container

高5.5、口径15.8厘米

银烛台
Silver Candleholder

高22.2、底径10.2厘米

新安沉船中有相当数量的银觚形瓶、净瓶、灯盏、烛台以及镀银盘等，有学者认为这些银器是销往对金银器有独特需求的高丽的商品。（王轶凌）

龙泉窑青瓷凤纹盒

Celadon Box with Phoenix Design, Longquan Kiln

高 5.2、底径 3.8 厘米

盖面饰凤纹，盒内分置三格，用以盛装粉、黛、胭脂等化妆品。

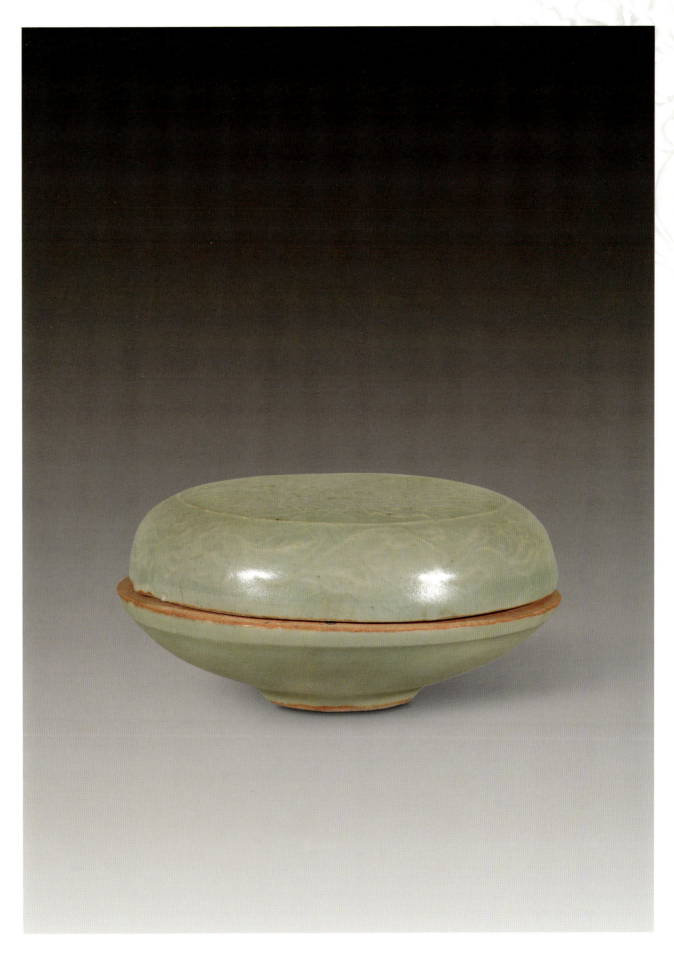

定窑白瓷花卉纹盘

White Glazed Dish with Floral Design, Ding Kiln

高6.8、口径30.8、底径13厘米

新安沉船出水瓷器来自中国的众多窑场，对瓷器产地的认定是研究的重点之一，该盘一直被认定是中国南方窑场的仿定窑器，此次展览经专家核定时，确定为金代定窑的产品。

龙泉窑青瓷莲纹盘

Celadon Dish with Lotus Design, Longquan Kiln

高7.6、口径33.4、底径11.8厘米

大盘是元代龙泉窑的大宗产品，多为板沿，有圆口和菱口两种，弧腹，大圈足，圈足内底留有火石红垫圈痕。内底刻划、模印、贴花各种图案。从垫烧方式看，早期为垫饼烧造，圈足端沿有刮釉的痕迹，中晚期则为垫圈烧造。（王轶凌）

龙泉窑青瓷牡丹纹盘
Celadon Dish with Peony Design, Longquan Kiln

高8.6、口径40.7、底径22.6厘米

为满足海外市场的需求，龙泉窑烧制了大量不同形制的大盘，装饰题材丰富，工艺精湛。（王轶凌）

| **Sailing from the Great Yuan Dynasty**
Relics Excavated from the Sinan Shipwreck

龙泉窑青瓷双鱼纹盘

Celadon Dish with Double-Fish Design, Longquan Kiln

高4.4、口径19.2、底径9.6厘米

南宋晚期至元代龙泉窑烧制有大量模印双鱼的盘、洗、碟等。（王轶凌）

龙泉窑青瓷莲纹八角盘

Celadon Octagonal Dish with Lotus
Design, Longquan Kiln

高2.5、口径16.7、底径5厘米

龙泉窑青瓷露胎桃花纹褐斑盘

Celadon Dish with Unglazed
Chrysanthemum Design and Brown
Mottles, Longquan Kiln

高2.8、口径16.2、底径4.7厘米

内底贴露胎菊花纹，烧成后呈现紫红色，在青釉
的映衬下更具神韵。（王轶凌）

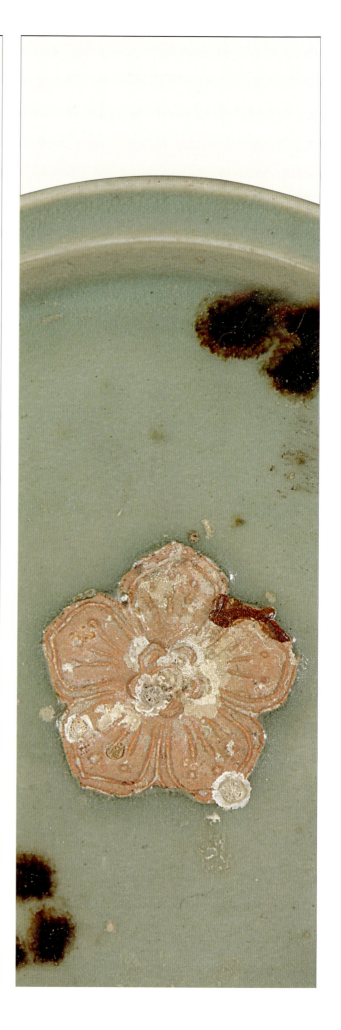

龙泉窑青瓷盘

Celadon Dish with Double-Fish Design, Longquan Kiln

高 3、口径 12.3、底径 5.8 厘米

龙泉窑青瓷花草纹碗

Celadon Bowl with Flower and Plant Design, Longquan Kiln

高 9、口径 20.7、底径 7.4 厘米

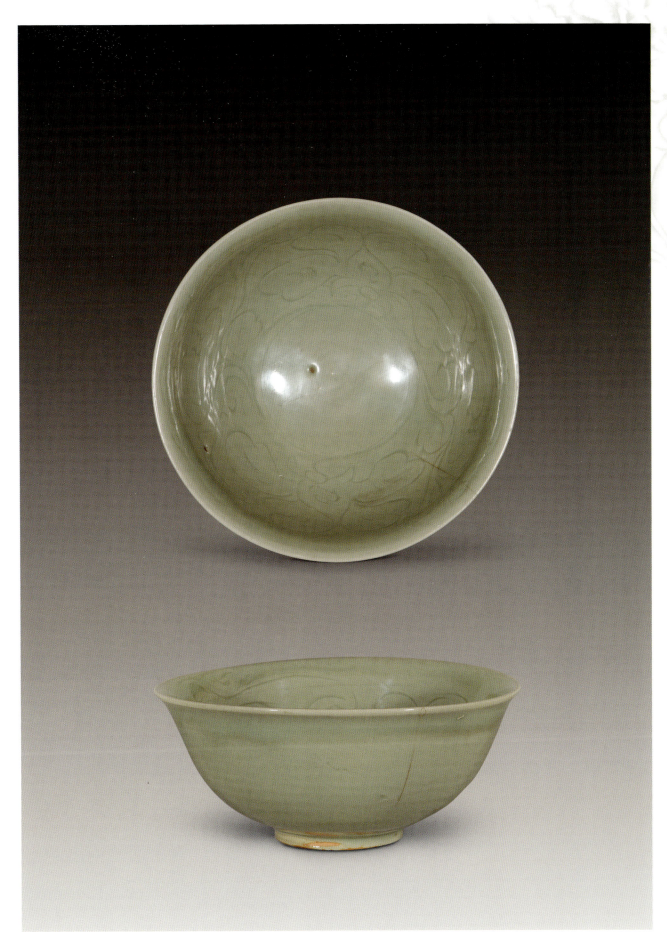

龙泉窑青瓷花草纹碗
Celadon Bowl with Flower and Plant
Design, Longquan Kiln

高 7.7、口径 18、底径 5 厘米

景德镇窑青白瓷莲纹碗
Bluish White Glazed Bowl with Lotus
Design, Jingdezhen Kiln

高 9.6、口径 19.4、底径 6.2 厘米

龙泉窑青瓷莲纹钵
**Celadon Bowl with Lotus Design,
Longquan Kiln**

高 4.8、口径 10.1、底径 3 厘米

敛口，斜腹，小圈足，外壁刻划莲瓣纹。此钵与
南宋龙泉窑同类产品相比，器形变大，莲瓣细长。
（王轶凌）

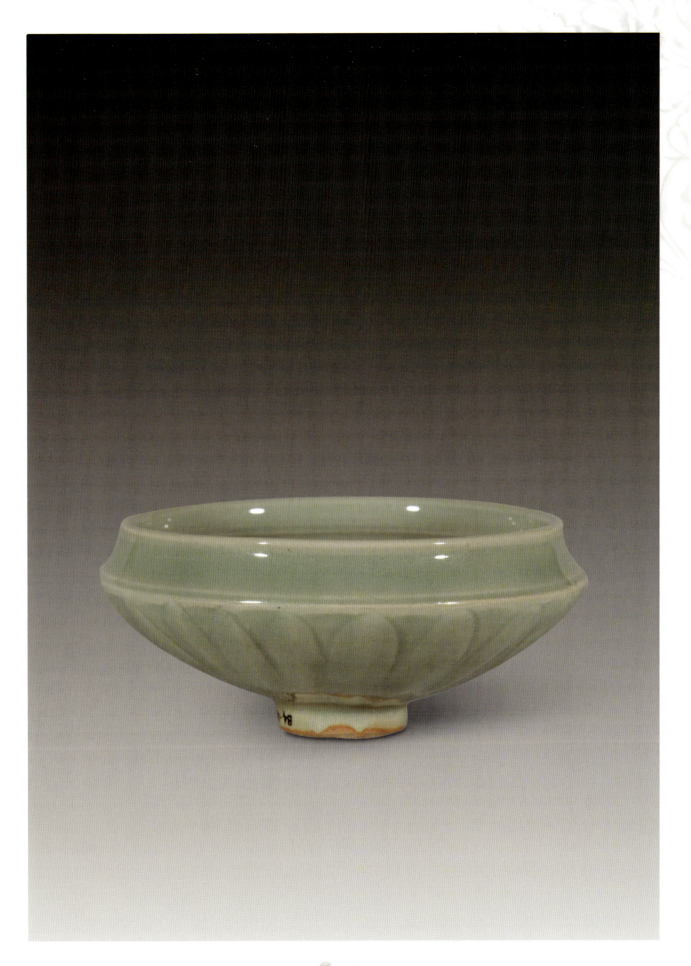

龙泉窑青瓷钵
Celadon Bowl, Longquan Kiln

高4.3、口径12.3、底径8.7厘米

白瓷莲纹盏
White Glazed Cup with Lotus Design

高4.9、口径11.9、底径4厘米

龙泉窑青瓷牡丹纹盘
Celadon Dish with Peony Design,
Longquan Kiln

高 3.9、口径 22、底径 13.5 厘米

龙泉窑青瓷牡丹纹碗
Celadon Bowl with Peony Design,
Longquan Kiln

高 4.7、口径 12.1、底径 7 厘米

| **Sailing from the Great Yuan Dynasty**
Relics Excavated from the Sinan Shipwreck

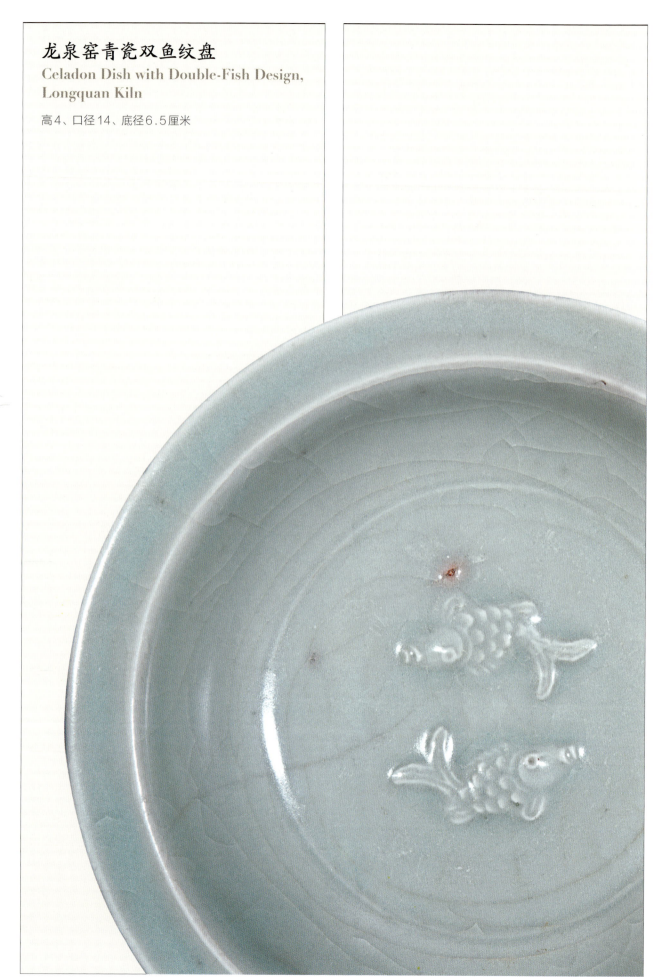

龙泉窑青瓷双鱼纹盘
Celadon Dish with Double-Fish Design,
Longquan Kiln

高4、口径14、底径6.5厘米

景德镇窑白瓷印花碗
White Glazed Bowl with Impressed
Design, Jingdezhen Kiln

高4.9、口径13.5、底径5.6厘米

龙泉窑青瓷菊纹碗
Celadon Bowl with Chrysanthemum
Design, Longquan Kiln

高4.4、口径12.7、底径6.9厘米

Sailing from the Great Yuan Dynasty
Relics Excavated from the Sinan Shipwreck

龙泉窑青瓷双鱼纹盘
Celadon Dish with Double-Fish Design,
Longquan Kiln

高 3、口径 12.4、底径 5.9 厘米

龙泉窑青瓷花草纹盘
Celadon Dish with Flower and Plant
Design, Longquan Kiln

高 3.7、口径 17.1、底径 6.3 厘米

龙泉窑青瓷云鹤纹碗

Celadon Bowl with Cloud and Crane
Design, Longquan Kiln

高7.7、口径17.8、底径5.4厘米

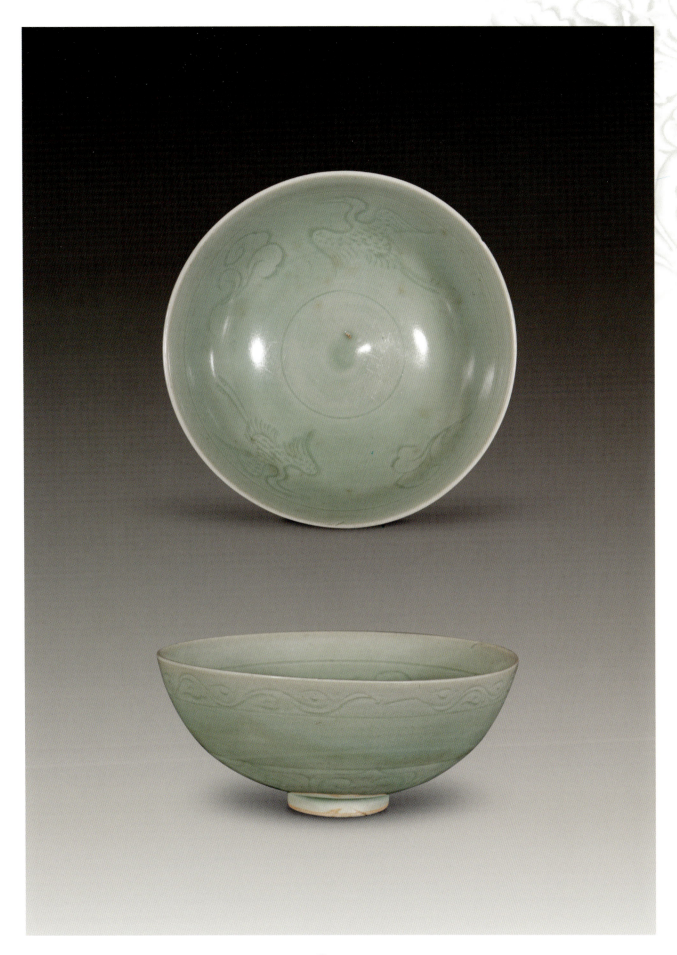

Sailing from the Great Yuan Dynasty
Relics Excavated from the Sinan Shipwreck

元帆影

韩国新安沉船出水文物精华

Sailing from the Great Yuan Dynasty

Relics Excavated from the Sinan Shipwreck

第三部分

大哉杭州

从南宋到元，杭州一直是东方世界的经济中心。元代的杭州和杭州湾更是大元帝国通往海外、接纳世界的重要基地。来自中国各地的商品汇集于此，运往世界各地；种类繁多的域外方物或行销杭州，或经由运河直抵北京。杭州成为网聚中国和海外宝货之地，杭州湾成为内地与沿海、中国与世界的交汇点，支撑着大元帝国的繁华。元政府在全国设立了七个市舶司，浙江有其四，即杭州、宁波、温州、澉浦。据马可·波罗记载，当时停泊在杭州湾的印度商船就多达万艘，船舶衔尾而来，扬帆而去。至今，在宁波和杭州等地仍有诸多相关的历史痕迹，这无不说明了当时以杭州为中心的沿海港口地区的国际性。新安沉船，正是当时东亚海上商贸圈中的缩影，船上所载的物品就是当时以杭州为中心的东亚时尚所在，而沉船中两万余件来源地不尽相同的文物，体现了宋元时期杭州经济、文化的繁盛和浙江在构建东亚文化圈的过程中的重要地位与时段性特征。

龙泉窑青瓷云龙纹瓶

Celadon Vase with Cloud and Dragon
Design, Longquan Kiln

高 29.2、口径 7、底径 8.6 厘米

颈中部饰三条凸弦纹，腹部凸雕云龙纹和海水纹。
与云龙纹瓶同一规格的还有云凤纹瓶，有可能是
成对生产。（王轶凌）

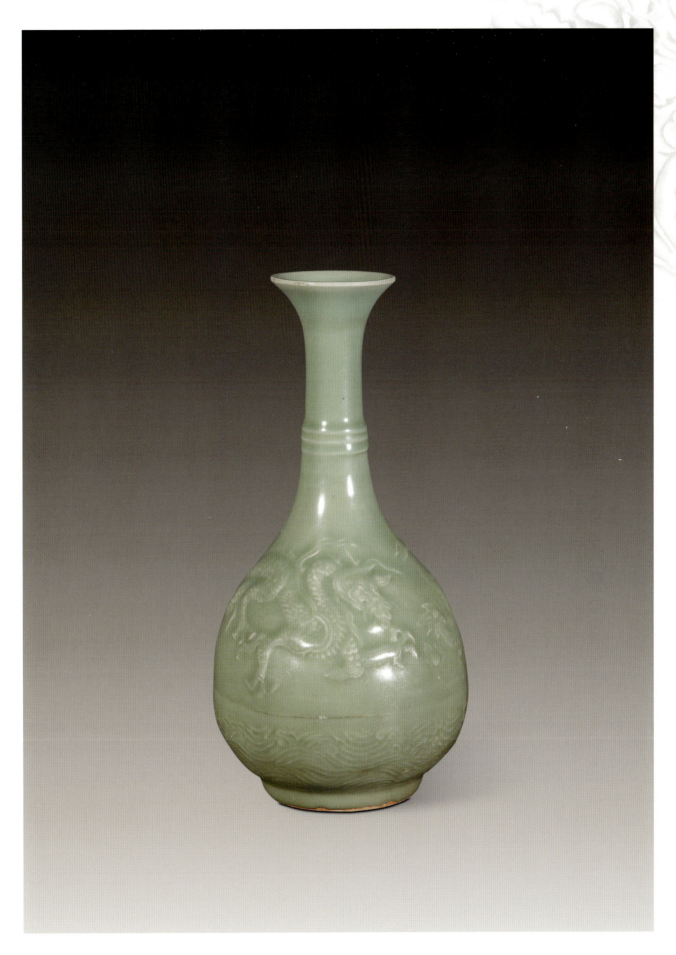

Sailing from the Great Yuan Dynasty
Relics Excavated from the Sinan Shipwreck

磁州窑白地黑花云龙纹罐

White Glazed Jar with Cloud and Dragon Design in Black, Cizhou Kiln

高 27、口径 15.7、底径 11.4 厘米

元代磁州窑主要烧制白釉黑花瓷，器形硕大、浑圆、厚重。盆、罐、枕为主要产品，云龙、云凤、云雁、鱼藻为常见纹饰。（王轶凌）

景德镇窑青白瓷龙纹罐

Bluish White Glazed Jar with Dragon Design, Jingdezhen Kiln

高25.5、口径13.8、底径15.5 厘米

腹部刻划龙纹，底部刻仰莲纹，每层纹饰间用弦纹相隔，层次分明，构图完美。器物造型和纹样具有元代特征。（王轶凌）

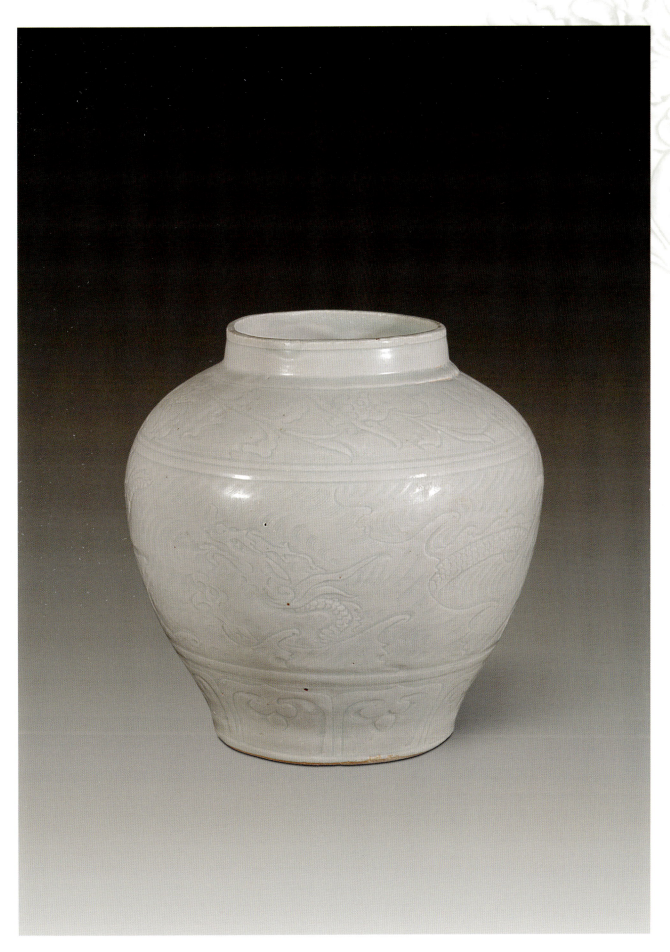

Sailing from the Great Yuan Dynasty
Relics Excavated from the Sinan Shipwreck

磁州窑白地黑花纹壶
White Glazed Pot with Black Floral Design, Cizhou Kiln

高 20.5、口径 13.7、底径 10.5 厘米

白地黑花装饰源于北方磁州窑，其装饰效果类似中国传统的水墨画，纹饰均为民间喜闻乐见的题材，如山水、花鸟、人物、婴戏、动物、诗、词、对联等。（王轶凌）

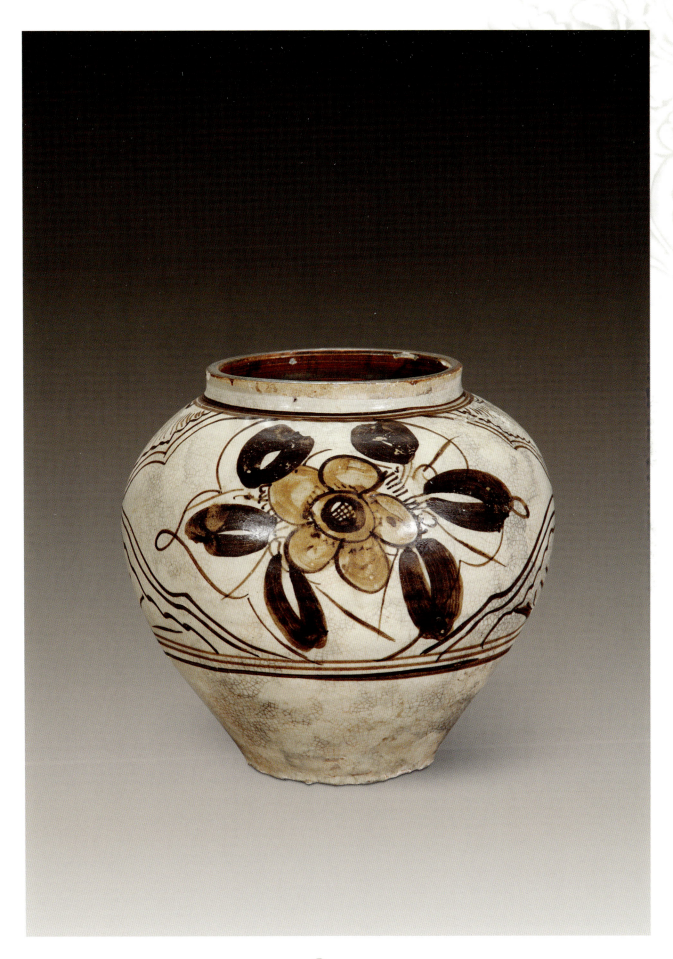

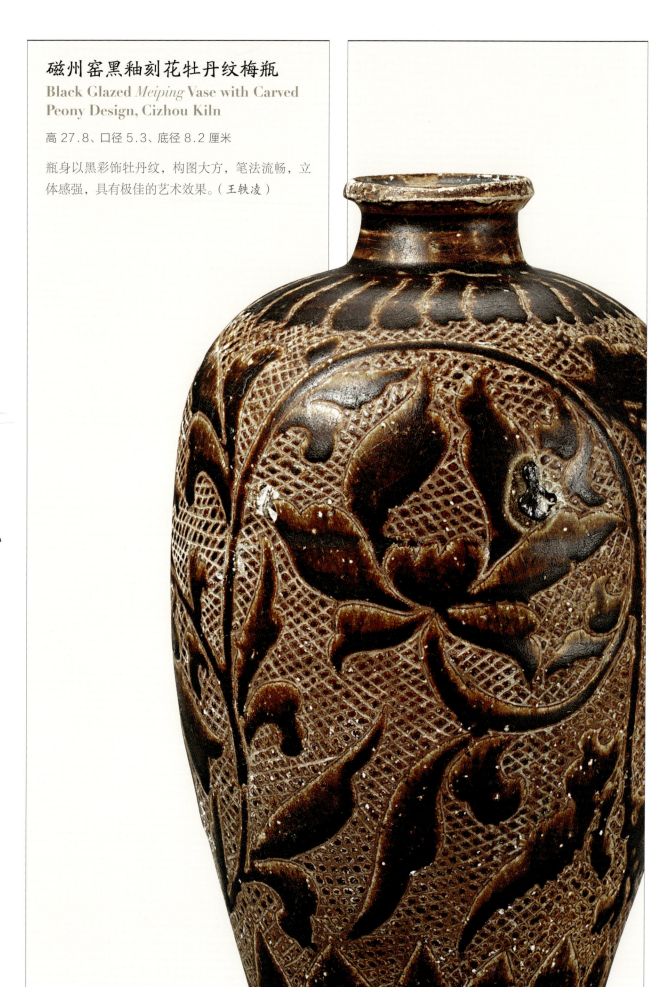

磁州窑黑釉刻花牡丹纹梅瓶
Black Glazed *Meiping* Vase with Carved Peony Design, Cizhou Kiln

高 27.8、口径 5.3、底径 8.2 厘米

瓶身以黑彩饰牡丹纹，构图大方，笔法流畅，立体感强，具有极佳的艺术效果。（王轶凌）

黑釉四耳壶

Black Glazed Pot with Four Loop Handles

高 41、口径 12、底径 15 厘米

吉州窑黑釉梅花纹双耳瓶

Black Glazed Vase with Double Handles and Prunus Design, Jizhou Kiln

高 15.9、口径 4、底径 7 厘米

剔花折枝梅是吉州窑最典型的装饰工艺，颜色一黑一白，对比强烈。（王轶凌）

| Sailing from the Great Yuan Dynasty
Relics Excavated from the Sinan Shipwreck

锡铤

Tin Bars

长 19.7、宽 3.2、厚 1 厘米

因为日本锡矿资源匮乏，所以用以制造青铜器的锡依赖于中国，包括铜等多种矿产原料亦多从中国进口。（王轶凌）

德化窑白瓷印花碗

White Glazed Bowl with Impressed Design, Dehua Kiln

高 6.6、口径 17.8、底径 5.6 厘米

景德镇窑釉下褐彩仕女像

White Glazed Female Statue
with Brown Mottles, Jingdezhen Kiln

高 12.8、底径 7.2厘米

仕女双手环抱胸前，脸微侧。膝下有一卧羊，右侧置一葫芦瓶。女子梳高髻，着曳地襦裙，衣纹褶皱清晰，线条流畅，发型和服式均是当时流行的样式。（王轶凌）

Sailing from the Great Yuan Dynasty
Relics Excavated from the Sinan Shipwreck

龙泉窑青瓷龙纹盘

Celadon Dish with Dragon Design, Longquan Kiln

高 7.3、口径 34.2、底径 13.4厘米

元代龙泉窑瓷器上的龙纹装饰丰富，有腾云驾雾的行龙，也有凌空跃起的升龙，有卧伏盘曲的潜龙，也有变形莫测的海水龙。（王轶凌）

景德镇窑青白瓷凤纹碗

Bluish White Glazed Bowl with Phoenix Design, Jingdezhen Kiln

高 5.5、口径 13.6、底径 3.1 厘米

龙泉窑青瓷镐纹罐

Celadon Jar with Chrysanthemum Petal Design, Longquan Kiln

高 31.6、口径 25.3、底径 17 厘米

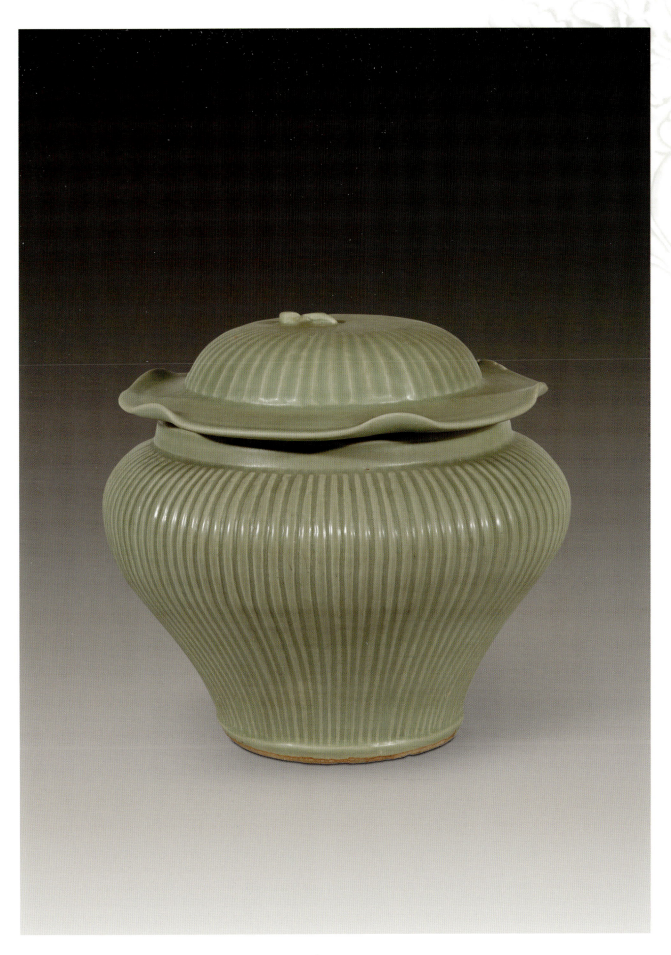

黑褐釉壶

Dark Brown Glazed Pot

高 22、口径 9.7、底径 9.3厘米

青白瓷花草纹银扣碗

Bluish White Glazed Bowl with Silver-bound Rim and Flower and Plant Design

高 8、口径 16.8、底径 5.5厘米

此碗采用覆烧工艺，覆烧时，为防止盘口沿与支圈粘连，口沿不能施釉，以致露出胎骨，形成"芒口"。为了弥补这一缺陷，人们遂在芒口处镶一圈金、银、铜等，被称作"扣"。内底压印"玉出崑山"铭。（王轶凌）

黑褐釉四耳大壶
Dark Brown Glazed Pot with Four Loop Handles

高 39.7、口径 12.4、底径 14.7 厘米

铁店窑乳浊釉盆
Opaque Glazed Pot, Tiedian Kiln

高 20.2、口径 29.8、底径 12 厘米

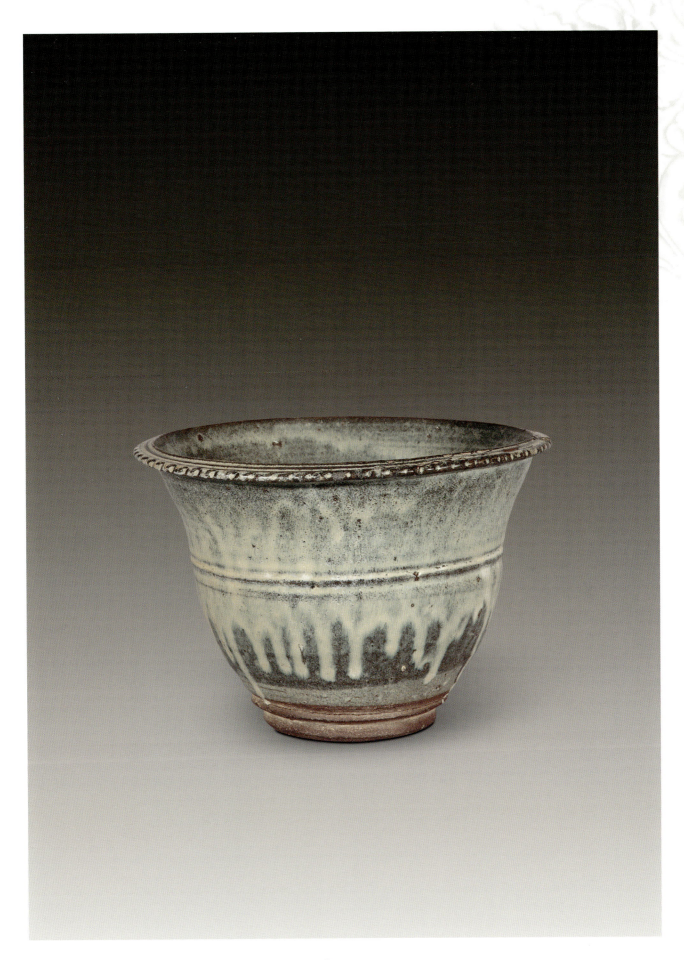

七里镇窑柳斗纹壶
Pot with Willow Design, Qilizhen Kiln

高 8.9、口径 8.6、底径 4.3厘米

柳斗是用柳条或藤条编织的农用工具，柳斗纹壶是江西赣州七里镇窑独特的产品，在宋元时期远销日本和朝鲜等地。（王轶凌）

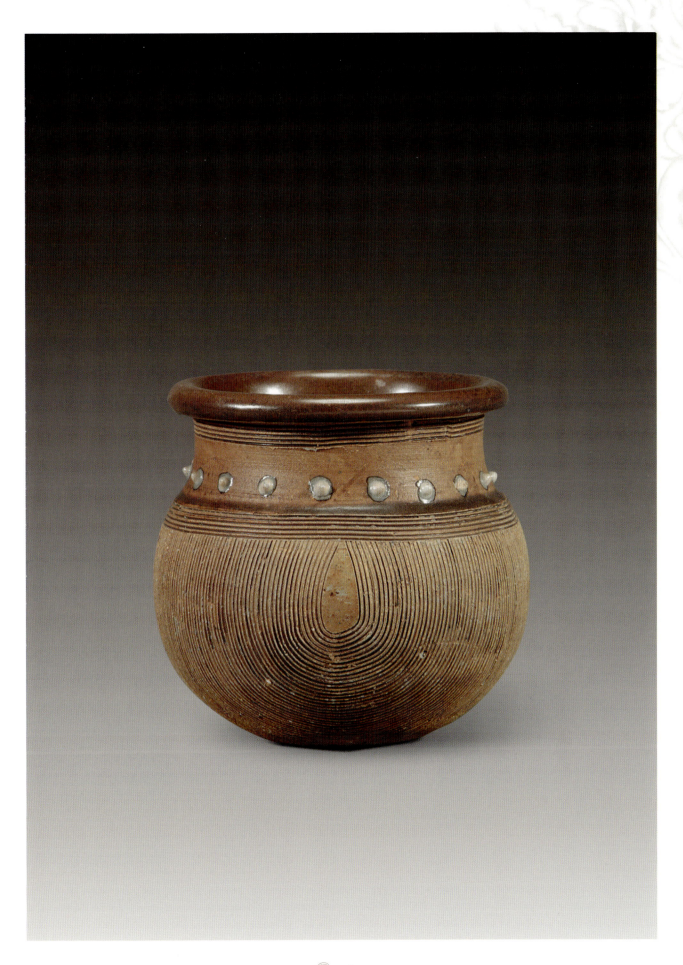

铁店窑乳浊釉兽足炉
Opaque Glazed Censer
with Animal-Shaped Feet, Tiedian Kiln

高 5.9、口径 18.3、底径 8 厘米

洪塘窑黑釉小罐
Small Black Glazed Pot, Hongtang Kiln

高 6.2、口径 4.5、底径 3.2厘米

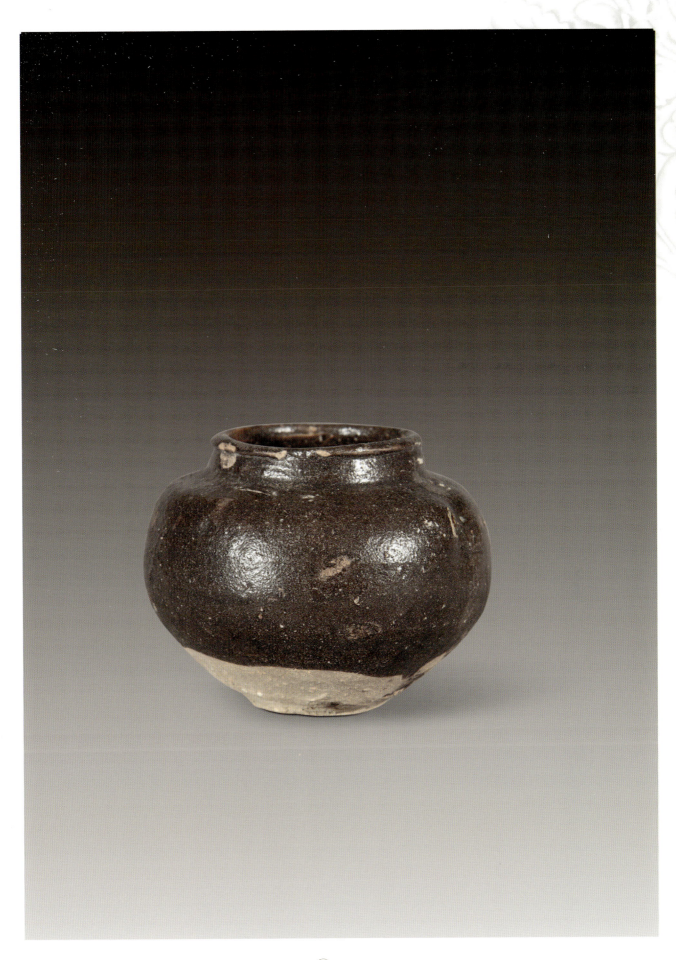

龙泉窑青瓷莲牡丹纹罐
Celadon Jar with Lotus and Peony Design, Longquan Kiln

高41.6、口径16.3、底径15.6厘米

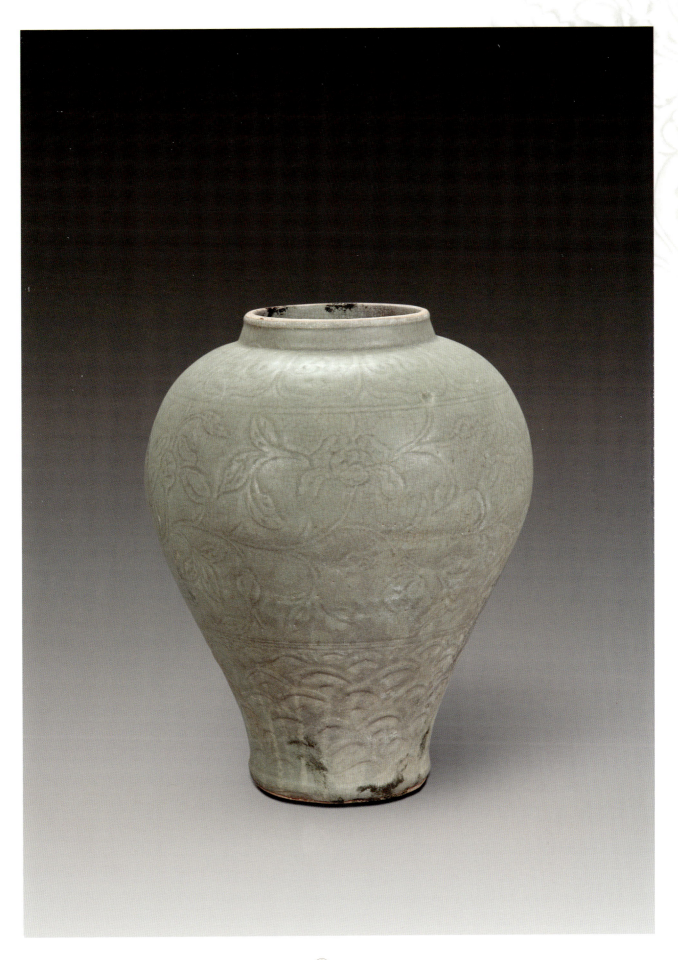

Sailing from the Great Yuan Dynasty
Relics Excavated from the Sinan Shipwreck

磁州窑系黑釉碗

Black Glazed Bowl with Iron Brown Mottles, Cizhou Kiln Style

高 6.5、口径 15.4、底径 6.2厘米

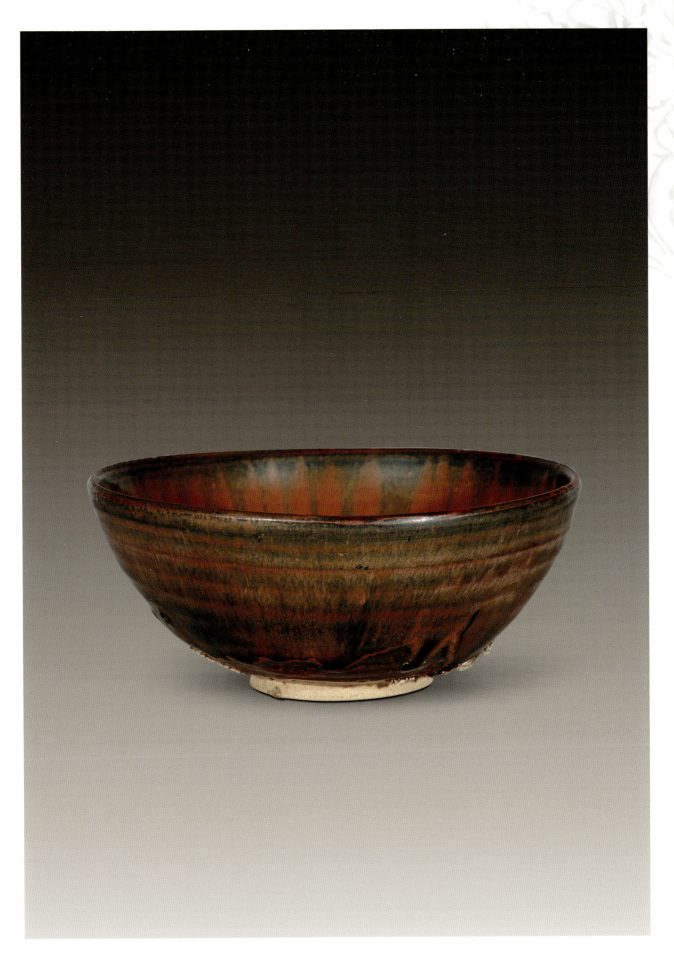

大元帆影

韩国新安沉船出水文物精华

| **Sailing from the Great Yuan Dynasty**
Relics Excavated from the Sinan Shipwreck

龙泉窑青瓷印花小壶

Celadon Pot with Impressed Design, Longquan Kiln

高5.1、口径2.6、底径2.7厘米

小壶系上下腹模印粘合成型，腹中相接处有凸棱。这类小壶有学者认为是专供海外地区定向制作的产品。近年来，福建平潭大练Ⅰ号沉船出水有大量同类器物。（王轶凌）

漳州窑白瓷壶

White Glazed Pot, Zhangzhou Kiln

高10.5、口径3.4、底径3.6厘米

大元帆影

韩国新安沉船出水文物精华

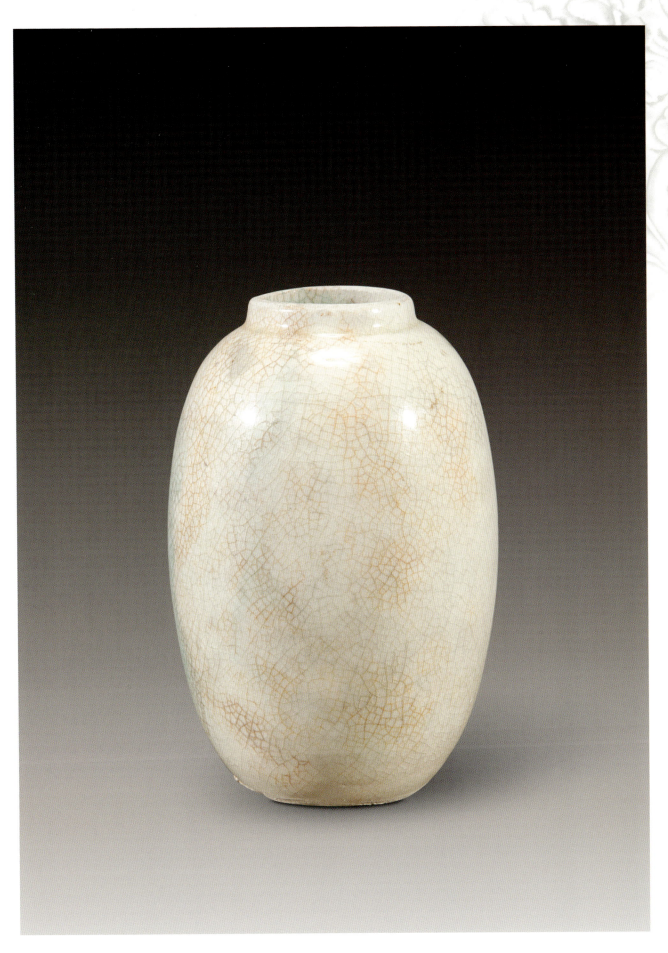

Sailing from the Great Yuan Dynasty
Relics Excavated from the Sinan Shipwreck

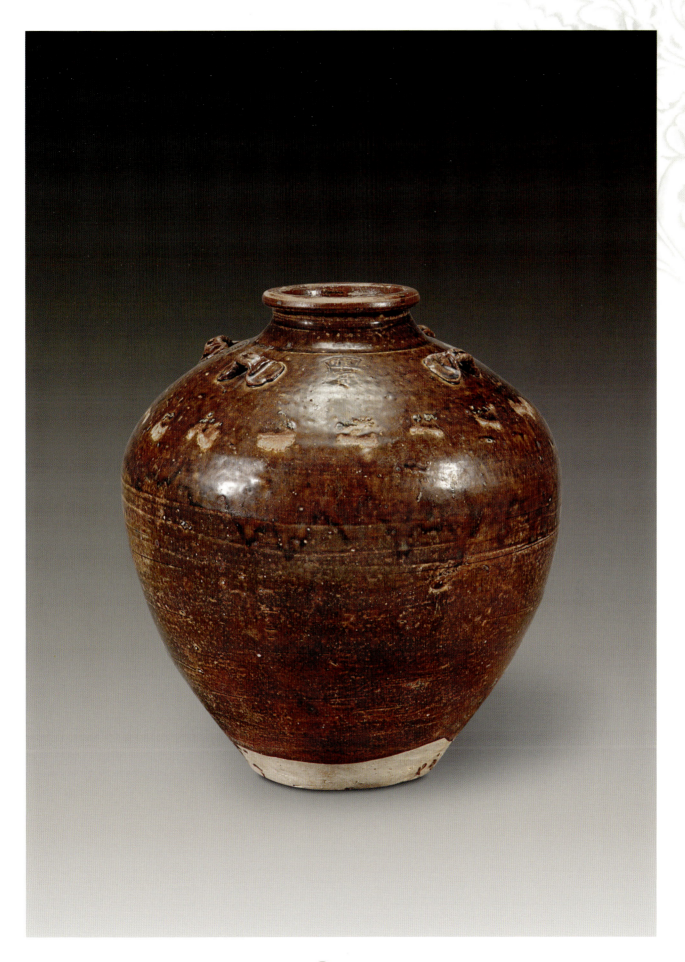

磁州窑系黑褐釉罐

Dark Brown Glazed Jar with Iron Brown Decoration, Cizhou Kiln Style

高 11、口径 7.5、底径 5.8 厘米

景德镇窑白瓷牡丹纹盘

White Glazed Dish with Peony Design, Jingdezhen Kiln

高 3.5、口径 12.3、底径 7.2 厘米

Sailing from the Great Yuan Dynasty
Relics Excavated from the Sinan Shipwreck

景德镇窑白瓷犀牛望月纹盘

White Glazed Dish with Pictorial Design Depicting a Scene of A Buffalo Looking Up at the Moon

高3.5、口径12.5、底径7.5厘米

此图案传统认为是"犀牛望月",有学者认为应是"吴牛喘月"。《世说新语》曰:"今之水牛唯生江淮间,故谓之吴牛也。南方多暑,而此牛畏热,见月疑是日,所以见月则喘。"(王轶凌)

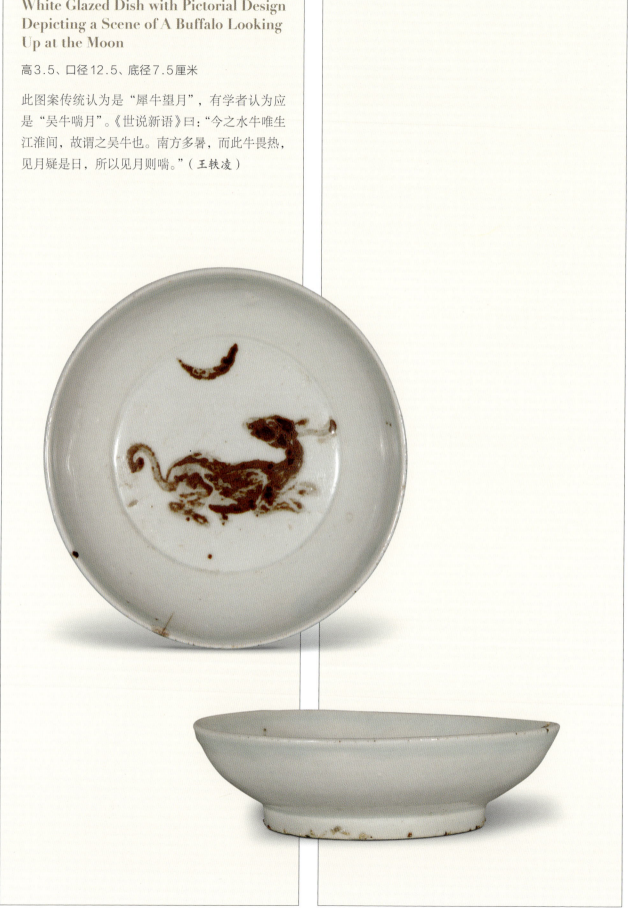

琉璃钉
Glass Nail

长7厘米

琉璃，现代称玻璃。学术界普遍认为铅钡玻璃产于我国中原地区，钠钙玻璃则产自西方。新安沉船出水的琉璃制品对研究当时中西文化交流有重要的意义。（王轶凌）

琉璃珠
Glass Beads

直径1.7厘米

琉璃是含氧化铅的水晶通过高温脱蜡工艺烧制而成，工序冗长，难度极高，自古被誉为五大名器之首。（王轶凌）

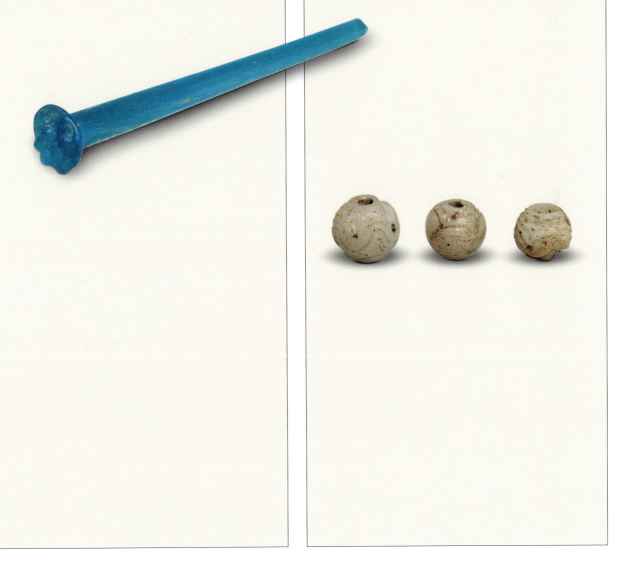

龙泉窑青瓷褐斑小罐
Celadon Jar with Brown Mottles, Longquan Kiln

高 7.1、口径 6.6、底径 5 厘米

龙泉窑青瓷褐斑装饰始见于元代，且多为小件器上的装饰，如瓶、碗、杯类器上有此种装饰。

（王轶凌）

龙泉窑青瓷盖罐
Celadon Lidded Jar, Longquan Kiln

高6.7、口径5.7、底径4.3厘米

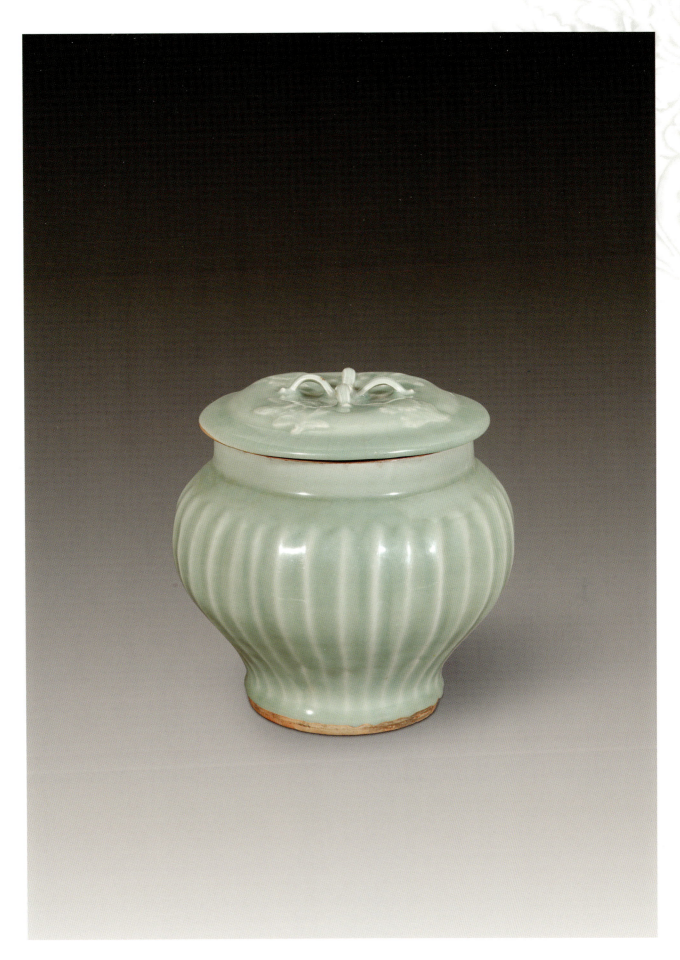

紫檀木
Pieces of Sandalwood

长 55、径 5.5 厘米
长 77、径 8 厘米
长 65、径 7.7 厘米

新安沉船共出水 1017 根紫檀木，均铺于船底，其上放置超过 28 吨的铜钱，最上层即为装有陶瓷器、漆器、金属器等的木箱。紫檀木产于东南亚，新安沉船上的紫檀木，把此船的研究范围扩大到中国和日本以外的东南亚地区。（王轶凌）

大元帆影

结束语

CONCLUSION

海上丝绸之路是古代世界上各文明区域间交流的途径之一，千百年来，能保存在海上丝绸之路上的遗址和遗物如沧海一粟，试图全面反映古代人类社会交往历史更是见一漏万。作为海上丝绸之路上的一点帆影——新安沉船，更是这万一中的万一。古代的中国、日本和韩国三国，民族虽异但文化相近，这种近同是通过人的交往和物质的交流实现的。本次展览的文物包括新安沉船出水文物和高丽青瓷两大部分，前者是13世纪东北亚地区物质文化交流的证据，后者是以越窑为代表的瓷器文化东传朝鲜半岛并高丽化的表现。新安沉船出水已历30余年，研究成果可以说汗牛充栋，但是对它的释读还不能说全面。所以我们深知，倘若能通过展览，能给观者和读者提供一个认识海上丝绸之路的历史与古代各文明之间交往历史的门径，并使观者和读者通过自我的努力更加接近历史的真实，就实现了我们举办该展览和出版系列图书的目的了。

新安沉船的文化影响巨大，浙江省博物馆投入大量的人力与物力从韩国引进此展，足见其意义重大。从筹划展览到展览开幕，历时三年有余。因为语言不通等原因致使沟通不便，让工作过程变得尤为艰辛，甘苦自知。而编者仅仅是一个古陶瓷研究的从业者，对驾驭涉及多门类、多学科内容的展览着实显得力不从心，恐展览开幕之日便是受各方贬责之始，惴惴不安。然令人快慰的是，参与该展的所有同仁不计得失，同心合力，虽苦犹甜！更为难得的是，在展览的资料搜集与文案创作过程中，得到故宫博物院耿宝昌先生和王光尧先生、福建博物院文物考古研究所栗建安先生、杭州市文物保护管理所杜正贤先生、杭州市文物考古研究所唐俊杰先生、宁波市文物考古研究所王结华先生和林国聪先生、海盐博物馆李林先生等的悉心指导与鼎力相助，在此谨致谢忱！

后记 POSTSCRIPT

大元帆影

韩国新安沉船出水文物精华

Sailing from the Great Yuan Dynasty

Relics Excavated from the Sinan Shipwreck